1分間仕事力

菊原智明
Kikuhara Tomoaki

さくら舎

まえがき――目の前の「1分間」に集中して、チャンスをつかむ人になる！

これから、とある会社員の一日をご紹介します。

この一日を読んであなたは他人事と思えるでしょうか？


6時50分にスマホのアラームで起床。

慌ただしく準備して会社に出社します。

朝礼が終われば仕事の山です。

すぐに返信しなければならないメールや上司への報告書がたまっているところに、お客様からクレームで呼び出しがあります。

「あぁ、忙しい……」

ランチはパソコンで作業しながらデスクで済ますしかありません。

しかも今日はノー残業デーです。

焦って仕事をしているため、つまらないケアレスミスをしてしまいます。

お昼の時間を削ってまでやった仕事も結局はやり直しに。

退社の定時は刻々と近づいてくるのですが、まだまだ仕事は終わりません。

ここでタイムオーバー。

会社から帰宅するように指示される。

「あぁ、今日もぜんぜん仕事ができなかった……」とため息交りで家路につきます。

思うような仕事ができなかったため、早く帰っても気分は晴れません。

そして翌日。

「今日こそは」と気合を入れるものの、また同じようなモヤモヤとした日を過ごしてしまう——。


ここまで極端でなかったとしても、「あぁ、似たような日があるなぁ」と思った方もいるでしょう。

こんな毎日を送っていれば不安になるのは当然です。

焦りが焦りを呼び、ますます泥沼にはまっていきます。

本当はもっと結果を出せる実力があるのに、力を発揮できないままでは何とも悔しいものです。

その一方、会社でもテレワークでもサクサクと仕事をこなし、スッキリとした顔で1日の業務を終える人もいます。

なんとも羨ましく思います。

同じ8時間なのに、とてつもない結果を出していくのです。

いったい何が違うのでしょうか？

思うように結果を出せない自分に対して、「私は実力も行動力もないから」などと諦める必要はありません。

ここに歯車が狂った毎日から抜け出す方法があるからです。

その方法とは、ズバリ**「1分間仕事力」**です。

「1分間仕事力」と聞いて、「たった1分間で仕事がうまくいくわけない」と思う方もいるでしょう。

今の時点では信じられないかもしれませんが、この先の話を聞いていただくうちに、「なるほどそういうことか」と理解してもらえると思います。

具体的なノウハウは本文で一つひとつ紹介しますが、ここでは大枠の話をさせてください。

たとえば〝60分でできる仕事〟があったとします。

目の前の1分を通り越してその先の10分、20分に行くことはできません。

当たり前ですが、今使える時間はこの瞬間の1分間しかないのです。

仕事ができる人は、この重要性をしっかりと理解しています。

目の前の1分間の使い方で〝サクサクと気持ちよく仕事を進められる人〟になるか、それとも〝バタバタ忙しいだけで仕事が進まない人〟になるのかが決まります。

1日の労働時間が8時間だとしても、それは1分1分の積み重ねです。

これからの時代は、働く時間が制限されるうえに仕事も減りません。

変化していく状況の中、**「1分間仕事力」をマスターした人だけが結果を出せる**のです。

本書では、私が長年トライ&エラーで身につけてきた、1分間仕事力をすべてご紹介させていただきます。

これは生まれ持った才能ではなく、後天的に身につける技術です。

誰だってマスターできるのです。

この技術をマスターし、**「仕事は早くやればやるほど楽になっていく」**という感覚を、ぜひあなたにも味わっていただきたいと思います。

「すぐやる」ことで、あなたはいつまでも必要とされます。

ＡＩ時代に求められている人とは、だんどり力、巻き込み力などを駆使し、創造的な仕事ができる人です。

また、まわりの人への気遣いや、上手にコミュニケーションを取るといったことは人工知能にはできません。

こういった行動をスピーディーにやる人は、会社では一番いいポジションで働くことができ、独立しても常に声がかかるようになるのです。

さらに、仕事だけにとどまらず、プライベートも充実し、人生が何倍も豊かになることをお約束します。


この原稿を書いている今、新型コロナウイルスが世界中で猛威を振るっています。その影響から自宅で仕事をする、テレワークの方が増えてきましたが、ダラダラせず自分を律して効率的に仕事をするのは、意外と難しいのではないでしょうか。

テレワークで働く方にも、この「1分間仕事力」は非常に有効です。

今まで「なかなか行動できなくて」というあなた、今こそ変わるチャンスです。

「1分間仕事力」で、今すぐやる方法を身につけた人だけが、これからの時代を生き抜いていけるのです。

2020年5月

営業コンサルタント
関東学園大学講師
菊原智明

目次◆1分間仕事力

まえがき――目の前の「1分間」に集中して、チャンスをつかむ人になる！　1

序章　「1分間」を制する者が、仕事も人生も制する！――15

1分でレスポンスする人だけが生き残る　16
私は「1分間仕事力」でチャンスをつかんできた！　19
「1分間仕事力」は、学べば誰でも身につく技術　23

第1章　AI時代の仕事に求められる「1分間短縮力」とは――27

すぐやる人は「4つの短縮力」を持っている！　28
「だんどり力」があると、一気に仕事が短縮する　30
「巻き込み力」があると、大きな仕事が短時間でできる　33

「記録力」があると、ミスが激減して仕事が大幅に短縮する　35
「時間管理力」があると、短縮力がアップし毎日定時で帰れる　38
1時間は、〝1分間が60ピース〟と考える　41
AI時代のビジネスは、1分でやる瞬発力が必要　44
すぐやる人は、1分間で実行日を決める人　47
夢が叶う人と夢のままで終わる人の違いは、1分で手を付けるかどうか　49
すぐやればストレスなく終わり、後回しにするほど面倒になる　52
すぐ行動しても結果が出ない時の対処法　54

第2章

「1分間だんどり力」があれば、仕事はこんなに短縮できる

59
出たとこ勝負は敗者の戦略、「1分間だんどり力」が必要　60
ネガティブに準備して、ポジティブに行動する　63
朝一と再スタート時にやることを、事前に1分間で決めておく　66
文章をスムーズに書くための「1分間だんどり法」　68
はかどらない時間帯でも仕事を進めるための「1分間仕事分別法」　71

短縮力をつけたいなら〝やりっぱなし〟の仕事をしない　74
心と体の「1分間コンディション調整法」　77
仕事のパフォーマンスを劇的に上げる「1分間運動」　80
「今日は話だけだから」と言われても、必要な資料を持っていく　82
次の手をだんどりしておけば、1分間で立ち直れる　85
トラブルを防ぐために、起こりそうなことを先に伝えておく　88
人と会う際のだんどりの一流、二流、三流とは？　90

第3章 「1分間巻き込み力」があれば、仕事はこんなに加速する

95
すぐやる人は、「1分間巻き込み力」を持っている　96
結果を出している人は、仕事相手に1分以内でレスポンスする　99
可能な限り仕事が早い人と付き合っていく　102
フットワークの軽さは、良好なコミュニケーションが基盤　104
仕事を前倒しにして、確実に信頼ポイントを積み上げる　107
「5日でできます」と約束して、3日で提出する　109

当たり前の仕事に300％の力で臨む　112
アドバイスを速やかに実行し、1分で報告する　114
クレームはスピード勝負、共有化してチームで解決する　117
巻き込み力のある人の、他部門との関係構築法　120
ツールの力を利用し、チームの結束力を高める　124
チームで「達成したらフレンチに行く」と目標設定する　127

第4章

「1分間記録力（メモ術）」があれば、無駄が激減し一気に時短できる

133
1分間でメモすれば、ミスの8割は防げる　134
メモせずに、自力で思い出す行為は時間のロス　137
すぐやる人は、「4つの領域」でスケジュールを管理する　139
4分割ノート活用法の具体例（第1、第2領域）　143
第1領域の仕事を短縮し、第2領域の仕事を増やす　147
4分割ノート活用法の具体例（第3、第4領域）　150
第4領域に、ご褒美やよかった出来事を書いておく　154

1分間で「何ができたか」を記録する　158
〝自分が1日にできる仕事量〟を把握しているか？　161
締め切りを守るための「予定分割法」　164
暗号化やスマホアプリを活用して素早くメモする　166

第5章 「1分間時間管理力」があれば、仕事を追いかけることができる　171

目の前の1分に集中すれば、「過去の後悔」と「未来の不安」から解放される　172
打ち合わせをしたら、1分以内に手を付ける　175
午前中の2時間で、8割の仕事を終える　178
行き過ぎた完璧主義はスピードを奪う　181
キレがなくなったら翌朝にまわす　185
1分間で「無駄な時間」を見つけ出し削除する　188
「無駄な人脈」をアンインストールして身軽になる　191
約束の日が近づいたら〝日程、時間、場所〟を確認する　194

クオリティーを持続させるために〝サボりタイム〟を入れておく　197
「1分でも無駄にしたくない！」ストイックな方へ　200
すぐやる人のデスクまわり整理整頓術　202
あとがき――「1分間仕事力」で、激動の荒波を乗り越えよう　207

1分間仕事力

序章

「1分間」を制する者が、仕事も人生も制する!

1分でレスポンスする人だけが生き残る

「その件に関しましては、一度社に戻って確認して連絡します」と言った時点で明日はありません。

明日は動きのいい若者が、明後日はＡＩが、虎視眈々《こしたんたん》とあなたのポジションを狙っています。

今は移り変わりがとてつもなく早い時代です。

のんびり仕事をしていては、あっという間にあなたの居場所が消えてなくなってしまうのです。

広告営業の会社に研修で伺った時のことです。

営業マンの方々と話をしていて、「やっぱりそういう時代だよなぁ」と痛感したことがありました。

営業マンのAさんは、今まで通りの営業手法で活動しています。

訪問、電話、メールでお客様とやり取りをします。

移動中は電話に出られないですし、メールの返信も早くて翌日かその次の日になることもあります。

まあ、こういった人がほとんどでしょう。

しかし、営業マンのBさんは違います。

今までの営業手法の他に、最新ツール（ライン、メッセンジャー、チャットワークなど）を使いこなし、すぐに対応します。

お客様からの問い合わせに、1分でレスポンスするのです。

Aさんも頑張っていますが、Bさんは同じ時間内でAさんの300％の成績を上げています。

Bさんのほうが、あきらかに能力が高いからではありません。

「すぐやる」ことで、これだけの差がついているのです。

あなたが経営者だったら、どちらの営業マンを選ぶでしょうか？

言うまでもなくBさんです。

ちなみにBさんは20代で、40代のAさんの上司です。

それもたった1、2年で立場が入れ替わってしまったのです。


この話を聞いて「うちはSNSでのお客様とのやり取りが禁止されているから」と思った人は、非常に危険だと考えてください。

大手ほど、こういった変化に順応できていないケースが多くあります。

典型的なのは、地方の工務店がお客様とスタッフのグループラインで瞬時にやり取りしているのに、大手ハウスメーカーは何倍も時間をかけて依頼書を書き、効率の悪いやり取りをしていることです。

こういった姿を見ると、どうしてもダーウィンの「進化論」が頭に浮かんでしまいます。

※「最も強い者が生き残るのではなく、最も賢い者が生き残るのでもない。唯一生き残るのは、変化できる者である」

消費者人口は確実に減少カーブを描きます。

これからは大手だって苦しいのです。

いつまでも「決まりがあってすぐには動けないんです」などと言っていては、確実に世の中から姿を消すことになるでしょう。

こんな時代に生き残っていくには、「すぐやる」といった技術を身につけるしかありません。

私は「1分間仕事力」でチャンスをつかんできた！

1分間仕事力ですぐやることは、もの凄いパワーを持っています。

それを私は身をもって体感しています。

というか、これだけで生計を立てていると言っても過言ではありません。

私は今、多くの会社から仕事のご依頼をいただいています。

たとえば、原稿を書く仕事は月に7～8本になります。

本当にありがたいことです。

なぜそんなにご依頼をいただけているのでしょうか？

その理由は、もちろん1分間仕事力で**「すぐやる」**からです。

原稿がとてつもなく面白いからではありません。

私より文章がうまい人は山ほどいらっしゃいます。

にもかかわらず私に依頼が来るのは、**「レスポンスが早い」**からなのです。


あるベストセラー作家に原稿をメールで依頼したとします。

やるかどうかの返事が来るのが3日後、OKが出ても取りかかるのに1週間かかります。

仕上がりは、依頼してから早くて2週間後です。

その一方、私はというと、早ければご依頼メールをもらったら1分間で構想を練り、翌日には仕上げて提出します。

「1分間仕事力」のノウハウを駆使して、最速でやってしまうのです。

ベストセラー作家より面白い原稿は書けませんが、10倍のスピードで仕上げることはできます。


また本は60冊以上書かせていただいております。

本文で詳しくお話ししますが、私は理系で元ダメ営業マンです。

そんな私に60冊以上の依頼が来るのですから、本当に感謝しかありません。

ある夜、私は編集者の方と飲んでいました。

その方が「ベストセラー作家に頼むと原稿が遅れて、発売がズレることがよくあるんです。それが一番のストレスなんですよ」と話してくれました。

さらに「その点、菊原さんはすぐやってくれるので安心です」と言ってくれたのです。

話をしていて便利屋的な感じも受けましたが、この時に「だから依頼が来るのかぁ」と確信したのです。

もちろん60冊、すべて予定より早く書き上げて提出しています。


1分間仕事力は本当にすごいパワーがあります。

連載や本を書く以外にもいろいろとやっています。

- ブログを365日、15年間更新している
- メルマガ、ミニマグ（週1、隔週）を10年以上続けている
- セミナー、研修、年に50回。パワーポイントやワード資料などすべて作成
- 大学の授業毎週月曜日、資料、配布物作成、採点

- 通信講座の会員様のメール相談を無制限で実行
- 群馬テレビ「ビジネスジャーナル」準レギュラーコメンテーターとして出演

などなど。

仕事だけではありません。

私がプライベートでやっていることを少し紹介すると、

- 週2回毎週土日2時間のソフトボールの練習と試合（3月から11月まで）
- 月3〜5回のゴルフ
- 週に1回のヨガ
- 家族との時間を十分取り、旅行もよく行っている

などなど。

こんなことができるのも、「1分間仕事力」を身につけた恩恵なのです。

「1分間仕事力」は、学べば誰でも身につく技術

「1分間仕事力」は、生まれ持ったものではありません。

なぜなら、過去の私は、超がつくほど仕事が遅かったからです。

学生時代は普通でしたが、会社に入ってから後回しにする癖がつき、行動は極端に遅くなりました。

言い訳になるのですが、これは環境のせいだと思っています。

大学を卒業して住宅メーカーに営業として入社しました。

理系で口下手な私だったのですが、「3カ月に1つ売ればいい」という言葉につられ営業の世界に飛び込んだのです。

しかし、世間はそんなに甘くはありません。

7年間、ダメ営業マン生活を余儀なくされたのです。

当時は今と違い、働き方改革など存在していません。

毎日深夜の24時過ぎまで会社から帰れなかったのです。

ダメ営業マンは商談するお客様がほとんどいないので、資料を準備する必要もなく、夜の21時にはやることがなくなってしまいます。

ですから、仕事は後回しにし、できるだけゆっくりやるようになったのです。

また当時は、夜遅くまで会社にいることで「私は頑張っています！」ということを上司にアピールできた時代でした。

この〝遅くまで頑張っているアピール〟によって、営業会議で怒られる時間が軽減されたものです。

これが7年間も続いたのだから、仕事が遅くなるのも無理はない……ですよね。


そんな私ですが、その後トップ営業マンになりました。

今度はノルマを達成しているため堂々と帰れます。

とはいえ、仕事はダメ営業マン時代の4～5倍になったのですから、この仕事を終わらせないと帰れません。

そこで、〝いかにして効率よく仕事をするか〟を考え、実行してきました。

だんどり力、巻き込み力、記録力、人間関係力、時間管理力などなど、さまざまな力を

身につけ、１年後には定時で帰るトップ営業マンとなったのです。

あれから15年たった今でも、どうやれば〝すぐやれるか〟ということを考えながら活動しています。

第1章

AI時代の仕事に求められる「1分間短縮力」とは

すぐやる人は「4つの短縮力」を持っている！

これからは業種や業界にかかわらず、〝無策なまま効率悪く深夜まで残業する〟といった働き方はできませんし、許されません。

またテレワークになれば、自分で時間を管理しなくてはなりません。

今、時代が必要としているのは、短時間で効率よく結果を出せる人です。

ようするに、**「すぐやる人」だけが生き残っていく**のです。

誰だって仕事を素早く正確にこなしたいと思いますし、結果も出したいと思います。

これができれば、ストレスを抱えながら焦って仕事をすることもなければ、会社からプレッシャーを受けることもなくなります。

では、どうしたら仕事の効率化を図ることができるのでしょうか？

その答えは**「1分間仕事力」**にあります。

「1分間仕事力」については、これからじっくりとご紹介させていただきますが、とにかくこの効果は絶大です。

なにしろ毎日、５時間、６時間と残業をしながらも結果が出ないというダメ営業マンを7年間経験した私が、定時で帰るトップ営業マンになったのですから。

あの時代、定時で帰るトップ営業マンは非常に珍しい存在でした。

そんなことができたのも、「1分間仕事力」のおかげなのです。

もちろん、初めからうまくいったわけではありません。

試行錯誤を繰り返しながら身につけてきた力です。

その後もたくさんのすぐやる人、仕事の早い人と出会ってきましたが、これからご紹介する1分間の使い方が他の人とは一味違っていたのです。

本書では、私が実行してきたノウハウ、仕事の早い方から伝授していただいたノウハウを誰でも実行できるようにまとめています。

ですから、あなたは苦労して遠回りする必要はありません。

「1分間仕事力」を最短、最速でマスターしていただけます。

そのための最短ルートは、４つの短縮力を身につけることです。

その４つとは、**「だんどり力」「巻き込み力」「記録力」「時間管理力」**です。

順番に1つずつご紹介しますが、習得が難しいものは一切ありません。

もちろん、すべていっぺんに身につける必要はありません。

得意分野から一つひとつマスターしていけばいいのです。

身につくごとに、あなたの仕事の効率はどんどんアップしていきます。

では、さっそくですが、次の項目からその4つの短縮力を簡単に解説いたします。

「だんどり力」があると、一気に仕事が短縮する

4つの短縮力の1つ目は**「だんどり力」**です。

「成功するかどうかの80%は準備で決まる」と言われています。

あなたも耳にしたことがあるでしょう。

私はハウスメーカーで働いていたため、現場で職人さんから「だんどり八分、仕事二分」という言葉をよく聞いたものです。

だんどりさえできていれば、成功したのも同じということです。

だんどりにはいろいろありますが、もっとも代表的な例は、いわゆる**「スケジュールを立てる」**ということです。

第2章で詳細なノウハウをご紹介しますが、ここでは簡単な例を1つ。

まず前の日に、明日やるべき仕事、マスト事項をリストアップしておきます。

- **Aさんにメールを送る**
- **上司へ報告書を出す**
- **B様に提案書を作成する**

これでしたら1分間でできるでしょう。

やることを決めておけば、余計なことを考えなくてもすぐに動けます。

たった1分だとしても効果は絶大です。

もし、だんどりをしなかったらどうでしょう?

仕事を始めようとパソコンを開いた途端、「昨日のプロ野球の結果はどうなったのか」と気がそれ、ダイジェスト映像を見てしまったりします。

そこから関連記事を読み込み、気づいた時には30分、時には1時間近く時間が経ってしまった……なんてことになりかねないのです。

今は情報が溢れています。

誰もが「私の情報を見てほしい」と工夫に工夫を重ねています。

ちょっとでも油断すれば、一瞬にして時間を奪い取られてしまうのです。


過去の私は、だんどりをせずに仕事をしていたこともあります。

今から考えると「一体どうやって仕事を進めていたのだろう」と不思議になります。

やはり、寄り道しながら効率悪く仕事をしていたのです。

だんどりをするとしないでは、仕事の処理スピードが比較にならないほど違ってきます。

ここで紹介した、「明日することをリストアップする」だけでも十分な時短効果があります。

たとえ1分間でも大違いです。

そのほかにもたくさんのだんどり方法があります。

だんどり力については、第2章でじっくりとご紹介いたします。

「巻き込み力」があると、大きな仕事が短時間でできる

第２の短縮力は**「巻き込み力」**です。

そもそも巻き込み力とはどういったことでしょうか？

一般的に言えば「目標を成し遂げるために多くの人を動かしていく力のこと」といったところでしょうか。

仕事もスポーツもチームプレイが決め手になります。

私はソフトボールをしていますが、強いチームはやはり結束力があります。

才能あふれるスーパースターがいても、その人が１人で好き勝手していたのでは試合には勝てません。

ビジネス、営業活動などで目標を達成するには、まわりの人たちを巻き込む力が非常に重要となります。

「スムーズに企画を通したい」

「会議で話を思い通りに進めたい」

「プレゼンを成功させ、プロジェクトを進めたい」

「商談をうまくまとめて契約を取りたい」

仕事をしていれば誰でもそう願います。

しかし、あなたも日々痛感しているように、思い通りにはことは進まないものです。

会議では予想もしなかったところから痛い反論が出て企画が通らず、商談ではお客様からの反応が悪く話が消えてなくなってしまいます。

こういった時は本当にがっかりするものです。


その一方、たいした企画案でもないのにもかかわらず、まわりから助け船が出てスッと通ってしまう人もいます。

こういったシーンに遭遇するたびに、「なんて不公平なんだ！」と腹立たしくなります。

なぜ、ライバルだけがうまくいって、自分は思い通りに進まないのでしょうか？

その理由はあなたに能力がないからでも、交渉のスキルが未熟だからでもありません。

ただ、仕事で結果を出すための巻き込み力を知らないだけなのです。


私は営業コンサルタントとして、また10年以上営業の現場にいて、スムーズに結果を出すトップ１％の人たちを数多く見てきました。

そういった人たちは、例外なく巻き込み力が強いのです。

知らず知らずのうちにまわりを巻き込み、強力なチームをつくっていきます。

そして、どんなに困難に思われることも楽々クリアしてしまうのです。

それも時間をかけずにできるのです。

もちろん、ただ巻き込むのではなく、普段からの信用力が必要になってきます。

このノウハウについては、第３章でしっかりと伝授します。

「記録力」があると、ミスが激減して仕事が大幅に短縮する

続いて３つ目の短縮力は「**記録力**」です。

この記録力が、もっとも手っ取り早くメリットを感じていただけるかもしれません。

記録力が身につけば、すぐに結果が出せるようになるのはもちろん、犯しがちなミスを激減させることができます。

一気に時間短縮が可能になるのです。

もし、この記録力が不足していたらどうでしょうか？

たとえば上司から「この件についてレポートをまとめてくれ」と言われたとします。

詳細を口頭で聞き「まあ、この程度なら大丈夫だろう」とメモをしません。

そして数日後、２日がかりで5時間かけて〝パワーポイント30ページ〟の大作を提出したところ、上司から「おいおい、Ａ４、１枚にまとめてくれと言っただろう。すぐにやり直して」と言われてしまった……。

こんなミスをしていれば、時間がいくらあっても足りません。

社内でのミスであればまだ救われます。

これがクライアントだったらどうでしょうか？

せっかく時間をかけたのにもかかわらず、信頼を失い、逆効果になることもあります。

これほどダメージを受けることはありません。


ダメ営業マン時代の私は、記録力が低かったために、お客様から信頼を失い、膨大な時間のロスをしていました。

とくに私がやっていた住宅営業は単価が大きく、１つのミスで２００万、３００万円の損害が出ることもあります。

この処理には時間と労力、そして大切な純利益が奪われます。さらには仕事へのモチベーションまで。

会社にとっても自分にとっても、いいことなど1つもないのです。


私が味わってきたキツいクレームのほとんどが、〝記録しなかった〟ことによって起こるケアレスミスからでした。


今思い出しても、自分が腹立たしくなります。

クレームを抱えれば気分が重くなり、仕事のパフォーマンスがガタ落ちします。

これは時間短縮において、絶対に避けなくてはならないことです。

その後、これに懲りた私は、さまざまなツールを活用し記録力をアップさせたところ、ミスは激減したのです。

これには本当に助けられました。

トップ営業マンになった私は、数多くの物件をほぼミスなしで、しかもきっちり仕事を終えて定時に帰っていたのです。

これができたのは、まさに記録力が身についたからにほかなりません。

あなたも〝記録する大切さ〟については知っているでしょう。

しかし、具体的なノウハウを学ぶ機会は少なかったと思います。

第4章では、私が実行してきた、記録術について細かくお伝えします。

「時間管理力」があると、短縮力がアップし毎日定時で帰れる

最後の短縮力は「**時間管理力**」です。

やはりこのテーマは外すことはできません。

ピーター・ドラッカーの言葉に「時間は最も希少な資源。時間をマネジメントできなければ、何もマネジメントできない」というものがあります
時間のマネジメントこそ、仕事ができるようになるための必須条件ということです。

営業成績がよく、しかも早い時間で帰る人は、時間をマネジメントしている人です。

またドラッカーの言葉に「時間が何に取られているかを明らかにすることからスタートする」というものもあります。

これも私が好きな言葉です。

「忙しい、忙しい」と言っている人の行動をよく観察すると、無駄にＳＮＳでやり取りしたり、無意識にスマホゲームをしたりしています。

また、愚痴などのネガティブなコミュニケーションも、なかなか自覚しにくいものです。

こういった行為をすべてカットする必要はありませんが、うまく利用して仕事の効率化につなげたほうがいいのです。

あなたの近くにも時間管理力があり、仕事をサクサクこなしている人がいると思います。

こういった、うまく時間を使っている人は特別な人だと思いますか？

私はそうは思っていません。

その差は能力ではなく、時間を管理する方法を知っているか、知らないかで決まってくると考えます。

それは私が身をもって経験してきましたから、自信を持って言えます。

ダメ営業マン時代の私は、仕事が遅く、ミスばかりしていました。

その時は「自分は能力がないから」と半分諦めていたものです。

しかし能力の問題ではなく、じつは**「時間帯」**の問題だったのです。

当時の私は完全に夜型で、スロースターターでした。

午前中をだらだらと過ごし、エンジンがかかるのは早くて午後からです。

この時点で、私の負けは決まっていたのです。

時間管理力がある人は、「朝の時間」を無駄にはしません。

競走馬で言えば、先行逃げ切りです。

スロースターターで仕事が早い、という人に一人もお会いしたことがありません。

その後、私はダメ営業マン時代と真逆の時間帯で仕事をするようになりました。

仕事量が4倍になったのにもかかわらず仕事を早めに終わらせ、きっちり定時に帰っていたのです。

30歳を過ぎてから、突然能力が開花したわけではなく、時間の使い方を知って実行したにすぎません。

時間管理といっても〝1日中、無駄なく動け〟と言っているわけではありません。

そんな無理はできないし、仮にできたとしても続かないのです。

やる時はしっかりやって、休む時はしっかり休みます。

ダラダラ仕事をやるより、一定時間集中したらスパッと仕事をやめてリフレッシュする時間も必要です。

時間管理力については、第5章でじっくりとお話しいたします。

1時間は、〝1分間が60ピース〟と考える

ここまで4つの短縮力について簡単にお話ししてきました。

それぞれの短縮力のノウハウについては、第2章以降で細かくお伝えしていきますが、その前に「1分間仕事力」の基本となる考え方をお話しいたします。

これからお話しする基本をおさえると、第2章以降のノウハウについてさらに理解が深まります。


今、お会いする多くのビジネスパーソンや営業マンが、「時間がない」と嘆いています。

働く時間が制限されたのは、すでに働き方改革で決まったことであり、働く時間を大幅に長くすることはできません。

またテレワークだとしても毎日12時間も15時間も働いていたら、体を壊してしまいます。

ただ、**働くことを長くすることはできなくても、時間の使い方は変えられます。**

ちょっと考え方を変えるだけで、やれる仕事が増え、処理スピードも大幅にアップするのです

たとえば、上司から「この仕事を今日中にやっておいてくれ」と言われたとします。

時計の針を見れば、退勤の時間まで1時間くらいしかありません。

しかも、その仕事のボリュームを考えると1時間ではかなりきつい感じです。

こんな時は、取り組む前から「1時間じゃ無理だ」と思うでしょう。

「ざっくり1時間」と考えるから、なんだか時間がないように感じてしまうのです。

そこでまずは、1時間を「60分」と変換します。

「1分間が60ピースある」ということです。

60分と考えれば「初めの10分で大枠を考えて、次の20分で……」と分けて考えられるようになります。

これだけでも気分的に変わってくるのです。

さらには、「初めの10分で大枠を考える」も分けて考えます。

10分ということは、「1分間が10ピースある」ということになります。

これも非常に重要な考え方です。

10ピースに分けると、やれることはさらに広がります。

「まず、３ピース使い１枚の紙に現時点のアイデアを書いて、次の５ピースで展開させ、最後の２ピースでまとめよう」と考えられるようになるのです。

１時間を「１時間しかない、どうしよう」と考えるより、「60ピースあるから、これをどう使おうか」と考えたほうが建設的です。

時間がなくて諦めかけていたことも、できる気持ちに変わります。

たったこれだけでやれる仕事は一気に増え、仕事の処理スピードも飛躍的にアップします。

実際の時間と感じる時間は同じではありません。

１時間を「１分間が60ピースある」と考え方を変えるだけで、感じ方がまったく違ってきます。

この考え方だけでも大幅にチャンスは広がるのです。

AI時代のビジネスは、1分でやる瞬発力が必要

同じことでしたら短い時間で処理したほうがいいのですが、だからといって、すべての仕事において最短でやったほうがいいというわけでもありません。

人の話を聞く、新しい企画を考える、他部署の人とコミュニケーションを取るといったことなどは、必要以上に効率を考えるのではなく、じっくりと時間をかけたほうがいいでしょう。

ただし、事務処理やメールの返信（重要な案件のメールは除く）などは、ためずにすぐやってしまうことです。

仮に時間がたっぷりあったとしても、利益を生まない事務処理などに時間を取られるのはもったいないことです。

こういった種類の仕事は、「いかに簡略化して時間を短縮するか」を考えます。短縮した分をもっと生産性の高いことに投資したほうがいいのです。

私がやっていたのは、上司への報告書の〝テンプレート化〟です。

これは非常に効果的です。

テンプレートをつくるのは多少時間がかかりますが、その後はあなたに膨大な時間を生み出してくれます。

営業マン時代は週に1回、直属の上司に対して〝行動計画書〟というものを提出するように義務付けられていました。

行動計画と言っても、毎回同じような文章を書いて送っていたものです。

そこで私は、月始用、月中用×２、月末用と４パターンのテンプレートをつくりました。

他の営業マンが20分、30分と時間をかけて作成しているなか、私は一部だけ修正し、１分間で済ましていたのです。

これだけでもかなりの時間短縮になります。

これで生み出した時間は、お客様のフォローの時間にあてていました。

だからこそ結果を出し続けられたのです。

また上司への報告書だけでなく、あらゆる文書をテンプレート化しておくと便利です。

メールなら、「いつもお世話になっております」のような仕事でよく使う文言は、「いつ」とタイプするだけでそのフレーズに変換されるよう、パソコンやスマホに登録しておきます。（※登録したい文字を選択し、Ctrl＋F7を押す）

お客様への訪問のお礼といった使い回しが可能な文面もテンプレートにしておけば、名前や日時を入れ替えるだけでいいのです。

重要な案件のメールは別として、通常のメールでしたら1分か2分で返信できます。

このように工夫することで、1日30分〜1時間の時間を短縮できるのです。

私の知人は、移動中も音声認識を利用してメールの返信をしています。

こうした便利なツールも積極的に使いましょう。

とにかく〝届いたメールを2日後に返信する〟なんていう時代は終わったのです。

AI時代のビジネスは、瞬発力が必要になってきます。

上司への報告やメールの返信というのは案外時間を取られるものですが、こうして短い時間で片づけてしまえれば、その分他の重要な仕事にたっぷり時間が使えるようになります。

すぐやる人は、１分間で実行日を決める人

私はいろいろな会社で研修をさせていただいております。

研修の最後に〝アクションプラン〟という行動計画を作成してもらいます。

これは非常に効果的で、つくるのとつくらないのとでは大違いになります。

たとえば、時間術の研修をしたとします。

研修を受けて「やっぱり朝早くから効率よく仕事をやるのがいいよね」と思ったとしても、受講者本人が実行しなければ何も変わりません。

〝アクションプランがない計画は妄想でしかない〟というように、具体的な行動計画に落とし込まなければ何の意味もないのです。

アクションプランを作成するうえで、〝では、いつから始めますか？〟という質問があります。

この答え方で「この人は実行するか、しないか」が分かります。

スタート時期をなかなか決められず、〝１週間以内くらい〟といったように少し先か、

〝仕事が片づいたら〟などと曖昧《あいまい》に書く人がいます。

こういった人は、まず実行しません。


実行する人は、1分以内にスパッと決断します。

それも〝明日から〟、もしくは〝今から〟と実行日を最短に設定するのです。

このような人の実行率は高くなります。

アクションプランの内容が同じだとしても、〝今から〟と〝仕事が片づいたら〟では、天と地ほども差がつくのです。


行動力のある方は、1分間で日程を決めます。

これは、プライベートでも言えます。

たとえば、仕事先の方とゴルフの話が出たとします。

知人のAさんは、「いいですねぇ、ぜひ今度一緒にラウンドしましょう」と言うものの、その場で日程は決めません。

一方、知人のBさんは、スマホのスケジュールを見て「来月の第1火曜日か第2水曜日はいかがでしょうか？」と1分間で予定日を決めます。

お二方とも仕事でお付き合いがありますが、Bさんのほうが圧倒的に結果を出しているのです。

仕事において「1分間で日程を決める」というのは少し難しいかもしれません。

であれば、まずはプライベートから練習してみてはいかがでしょうか？

話の流れで「今度飲みに行きましょう」となったら、すかさず「では来週の金曜日はいかがでしょうか？」と日程を決めます。

こうした行動によって1分間仕事力が身につき、チャンスも広がるので、ぜひこれから意識してやってみてください。

夢が叶う人と夢のままで終わる人の違いは、1分で手を付けるかどうか

私はコンサルタントのなかでも、本を多く出しているほうだと思います。

今まで60冊以上の出版の機会に恵まれたことに自分でも驚いていますし、本当に感謝しかありません。

そもそも理系出身で国語が苦手な私が、ここまで本が書けるとは思っていませんでした。

これも「1分間仕事力」を身につけてきたからこそ、できたことだと自負しています。

さて、私は営業活動やビジネスの相談のほかに、出版についての個人コンサルティングをさせていただくこともあります。

そういった方のほとんどは「私の夢は本を書くことです」と熱心に話してくれます。

ビジネス、営業として結果を出すだけでなく、「自分のノウハウを世の中に伝えたい」という考えを持っているというのは素晴らしいことです。

こういった方のなかでも、〝夢が叶う人〟と〝夢のままでなかなか叶わない人〟がいます。

その違いは何だと思いますか?

2人の事例で説明します。

まずはAさん、彼は「ビジネス小説を書きたいと思っています」と話してくれました。入社間もない主人公が気難しいお客様に苦しみ、上司にいじめられながらも成長していくストーリーについて熱く語ってくれました。

話を聞いているだけでもどんどん引き込まれていきます。

そこで私が「その内容についてなにか書いているものがあるのですか?」と質問すると、

「いいえ、まだ構想だけで書いたことはありませんが」と言ったのです。

やる気満々なのですが、全く行動はしていない、といった方が少なくありません。

こういった人は、なかなか夢が実現しないのです。

次にBさん、彼も同じようにビジネス書を書きたいと私に相談してきました。

同じように質問すると「ちょっと恥ずかしいのですが見てください」と差し出した大学ノートに、びっしりノウハウや事例が書かれていたのです。

同じ内容をブログにもアップしていました。

現時点でできることをやっています。

こういった人は夢が叶います。

実際、Bさんは本を出し、夢を現実化させたのです。

夢が叶う人は「これをやりたい」と思ったら、とにかく1分で何か行動を起こします。

無料ブログを開設するのでもいいですし、ＳＮＳで「これからこういったことをします！」と宣言するのでもいいのです。

Ｂさんのように、大学ノートに手書きでもかまいません。

夢に向かって1ミリでもいいので前進することが大切なのです。

考えすぎて行動できない方は、「失敗してもいい、まずは1分以内に何か行動する」と思い切って行動してみるようにしましょう。

すぐに行動した人にのみ、新しい扉が開くのです。

すぐやればストレスなく終わり、後回しにするほど面倒になる

研修の打ち合わせをした時のことです。

主力の営業マンの方たちが集まり、営業活動の悩みを直接聞かせていただきました。

話を聞いたことで研修の構想がはっきりと見えてきたのです。

しっかりとメモを取り、その会社を後にします。

その日は、別のアポイントがありました。

そのアポイントまで1時間程度、時間が空いていたので、近くのカフェで仕事をすることにしたのです。

さっそく先ほど聞いた内容をパワポにまとめます。

ついさっき聞いた内容ということもあり、「こんなに楽で、しかも短時間でできるのか！」と自分でも驚くほどの時間ででき上がりました。

こういう仕事は、ストレスなく気持ちがいいものです。


一方、そうでない時もあります。

クライアントから要望をヒアリングして、そこから別の仕事をします。

翌日あたりに手を付ける場合はまだマシです。

わりとスムーズに作成できます。

しかし、３日後、５日後と時間が経過した場合は、まるで別物になります。

メモを見るものの、なかなかはかどりません。

時間がかかるうえに、作成するのが非常にしんどいのです。

研修の資料づくりは、時間が経つと〝楽しい〟から〝苦しい〟に変わってしまう、ということを痛感しています。


これは営業マン時代にも経験があります。

商談でのお客様の要望をヒアリングしてその場である程度資料をつくってしまう、もしくは遅くても翌日には作成します。

こういった時は提案書としてまとめるのにストレスがありませんし、楽しくできます。

しかし、時間が経つと細部を忘れてしまいます。

期限も迫ってきますから焦りも出てきて、「なんかいいものができない」と苦しみながらつくる羽目になります。

こうして作成した資料は、お客様に刺さらず空振りに終わるのです。

相手から要望をお聞きしたら、最短で形にしてください。

時間が経てば経つほど時間がかかり苦しむものです。

すぐ行動しても結果が出ない時の対処法

物事を1分間で判断し、すぐに行動する。

これがこの本のテーマです。

しかし、すぐ行動しても結果が出ない場合もあります。

そんな時のチェックポイントについて、2つご紹介します。

1つ目は〝結果のフィードバック〟です。

「スポーツとビジネスは密接な関係がある」と私は考えています。

スポーツで結果を出している人の行動は非常に参考になるのです。

私はゴルフをするのですが、上達のためにノウハウ本を読んだりします。

以前、読んだ本の中に〝一番ダメな練習法〟というものが紹介されていました。

そのダメな練習方法とは〝ミスショットをした時、忘れようとすぐに次のショットを打つ〟というものです。

これは身に覚えがあります。

練習場に行った際、ボールが曲がり「チェッ、なんであんなに曲がるんだよ」と文句を言いながら、すぐに次のボールを打っていました。

この本には**〝なぜミスショットになったか考えることで上達する〟**と書いてありました。

ミスからなにも学ばないのであれば、成長はありません。

とにかく、**一度立ち止まって考えることが必要**なのです。

これは営業活動でも言えます。

商談やプレゼンで失敗した際、「今回の失敗はしょうがない、次！」と失敗を即忘れようとします。

いつまでも失敗商談を引きずることはよくないですが、「今回の商談は何がよくなかったのか？」とフィードバックする時間は必要だったのです。

これは営業以外の仕事でも同じで、**思い出したくない失敗にこそ多くのヒントがあります。**

こうして学んだポイントは、次の仕事の大きなヒントになります。

もう1つは、〝計算式が間違っていないか〟をチェックすることです。

計算式が間違っていれば行動するほどドツボにハマります。

たとえば、〝y＝5x〟という式があったとします。

x＝行動だとすれば、やればやるほど結果は出ます。

しかし、この式が〝y＝−5x〟だったらどうでしょうか。

行動すればするほどマイナスが増えてしまうのです。

自分の計算式をチェックして間違っていれば変えます。

いわゆるパラダイムシフトと言われるものです。

これは定期的に見直す必要があります。

私は過去に次のような計算式の変更をしてきました。

○長時間仕事をする　↓　短時間で集中する
○短期で決めてくれるお客様のみ大切にする　↓　中長期のお客様を大切にする
○訪問、テレアポ　↓　営業レター

などなど。
このように**パラダイムシフトしたことで結果が出るようになった**のです。

私の知り合いのプレイングマネジャーの方は、「部下を叱って支配する」↓「褒めて伸ばす」と考え方を変えた途端、うまくいくようになりました。

叱咤激励してうまくいかないのでしたら、いい部分を褒めて伸ばす方法も試してみるといいのです。

あなたは今、どんな計算式を持っていますか？

〝これはうまくいっていない〟ということに関して、ぜひ一度チェックしてみてはいかがでしょうか。

第1章 「AI時代の仕事に求められる『1分間短縮力』とは」の

まとめ

- → 今、時代が必要としているのは、短時間で効率よく結果を出せる人。
- →「すぐやる人」だけが生き残っていく。
- → 仕事の効率化の秘訣は、「1分間仕事力」。
- → 1分間仕事力の本質は「だんどり力」「巻き込み力」「記録力」「時間管理力」の4つの短縮力。
- →「だんどり力」とは、「準備力」。しっかりスケジュールを立てる。
- →「記録力」を身につければ、ケアレスミスが激減。
- →「時間管理力」がある人は、午前中勝負。
- → できる人は1分単位でスケジューリングする。
- → 夢が叶う人は1分で何か行動を起こす。
- → 物事は後回しにするほど面倒になる。
- → 物事を1分間で判断し、すぐに行動する。

第2章

「1分間だんどり力」があれば、仕事はこんなに短縮できる

出たとこ勝負は敗者の戦略、「1分間だんどり力」が必要

私は、各業界のトップ営業マンの方と時間のある限りお会いします。

やはり、最前線で結果を出している方の話が一番参考になるからです。

こういった方のなかで**「お客様は、いつ気が変わるか分かりませんから、ほとんど準備はしません」**と言う方がいます。

ほぼ手ぶらに近い状態で商談に臨み、契約を取ってしまうと言うのです。

確かにプレゼンや提案書など、万全な準備を重ねても想定外のことは起きますし、突然気が変わることだってあります。

だからといって何も準備しないというのは、いまひとつ納得できませんでした。

しかし、よくよく話を聞くと、「準備をしない」と言いながらも結果を出している人は、何もしていないわけではありません。

やはり押さえるべき点は押さえ、**「勝つためのだんどり」**をしていたのです。

- クライアントの新商品を調べておく
- 担当者の趣味に関することを知っておく
- 商談のゴールをはっきりさせておく

などなど。

時間にすれば1分程度でできることです。

短いながらも的を射た、だんどりをしています。

「ほとんど準備をしていない」というのは、何もしていないという意味ではなかったのです。

ハウスメーカーの売れない営業マン時代のことです。

私は、時間をかけてだんどりをしていたものの、かなりピントがズレていました。

お客様との商談に臨む際、〝間取り、プレゼン資料、見積書〟などしっかりと準備します。

作成にかなり時間をかけましたし、時には徹夜に近い日もありました。

だんどりはばっちり、満を持して商談に臨みます。

しかし、渾身の資料をお客様に見せた途端、「あぁ、こういう間取りじゃないんですよね」と言われてしまいます。

膨大な時間と労力が一瞬にして水の泡になったのです。

顔は笑顔ですが、心の中では膝から砕け落ちる気分になります。

こんな無駄なことをしていたのですから、いくら時間があっても足りなかったのです。


当時の私は商談のだんどりはしたものの、ピントがズレていました。

「お客様はなぜ家を欲しいと思ったのか？」

「何を目的として家を探しているのか？」

ということまでは理解していなかったからです。

本質的なことを理解せずに、「おそらくこういった希望だろう」と予想で準備をしていました。

これで勝負をしていたのですから、出たとこ勝負をしているのと同じです。

こうして、ほとんどの商談は惨敗に終わったのです。

一方、成績のいい先輩は違いました。

お客様が本当に必要なものを知っているため、的を射た準備をします。

だんどりの時間は短くても刺さる提案ができるのです。

相手を知らずして準備したのでは、勝てるものも勝てなくなります。

「出たとこ勝負は敗者の戦略」です。

準備に費やした時間は関係ありません。

短時間でも的を射た、だんどりで勝負に臨みましょう。

ネガティブに準備して、ポジティブに行動する

一般的には〝行動力のある人〟が成功すると言われています。

そのなかで、〝行動して成功している人〟と〝行動しているのに成功しない人〟に分かれます。

違いは何だと思いますか？

その違いは、**行動する前に〝ネガティブに準備しているかどうか〟**ということです。

私の知人は大胆な行動をする人なのですが、**行動する前に「もし○○が起こったら**

……」とネガティブに考え、準備をします。

不測の事態のために、しっかりだんどりをしてきます。

だからこそ、思い切った行動がとれるのです。

ただ能天気に「まあなんとかなるだろう」と考える人は、途中までうまくいっていたとしても、どこかで落とし穴に落ちます。

やはりしっかりと準備しておくべきです。

結果を出す人は、最悪を想定してだんどりをしているのです。

知人と野球の話をしていた時のことです。

知人はプロ野球の球団にも入団したすごい人です。

1軍での活躍は少なかったものの、コーチやスタッフなどを長く経験しています。

活躍してきた多くのトップアスリートを見てきたのです。

その知人が「勝てるピッチャーはネガティブに考えて準備しますし、ピンチの時には最悪の状況を想定します」という話をしてくれました。

私は勝てるピッチャーというのは、前の日は「明日は大丈夫だ。オレのストレートを打てるものなら打ってみろ」と、どんと構えていると思っていました。

しかし知人は「そういうピッチャーは勝てない」と言っていました。

プロ野球で長く活躍するピッチャーであればあるほど、心配性でネガティブに準備をしているのです。

結果が出ていない人は、この逆をやってしまいます。

過去の私もそうだったのですが、商談が少しうまくいくと油断しだします。

「この商談は間違いなく契約になるぞ」と、ポジティブの部分だけしか見えなくなるのです。

いい要素しか見えなければ、だんどりが手薄になります。

そして、最後は「ごめんなさいね。今回は縁がなかったということで」と他社に奪い取られるのです。

ネガティブに準備して、ポジティブに行動する。

こうしたスタンスが取れる人が、長く活躍できるのです。

朝一と再スタート時にやることを、事前に1分間で決めておく

私は毎日ブログを更新しています。

1月1日から12月31日まで、365日、15年以上続けています。

この話をすると「よく毎日書けますね」と驚かれるものです。

時には変人扱いされることもありますが（笑）。

もう慣れたものですが、これができるようになったのは、〝朝一〟でやることを決めて**おいたから**です。

具体的に言うと、**前の日に「明日のブログのタイトル」を決めておく**ということです。

これが、**「1分間だんどり法」**です。

決めると言っても、きっちり決めるわけではありません。

「明日は〝上司とのコミュニケーションについて〟書こう」と決めておく感じです。

これをノートにメモしておきます。

ノートには、この他にも「今日やるべき仕事」「時間があったらやること」などもリス

トアップして書いておきます。

ノートについては、第4章の1分間記録力で詳しくご紹介させていただきます。

朝起きてノートを見て、ブログを書き始めます。

「前の日に、朝一でやることを1分間でだんどりしておく」から、迷いがなくなります。

無駄な寄り道をしなくなることで、時間が一気に短縮できるのです。

もし前の日に、だんどりをしなかったらどうなるでしょうか？

タイトルが決まってなければ「何かネタがないかな」と探し出します。

そこでネットを見たり、メールを開封したらどうでしょう。

間違いなく、興味を持っていかれてしまい、ブログ更新どころではなくなるのです。

これは、休憩から仕事を再スタートする時も同じことが言えます。

私は50分に1回、5分程度の休憩を取ります。

「休憩に入る際、〝次にすること〟を、1分間でだんどり」しておきます。

そうすることでスムーズに仕事に戻れるのです。

時々、そのだんどりを忘れて休憩に入ることがありますが、そんな時は「ちょっと

ＳＮＳでもチェックして」と、仕事に関係ないことをしてしまうこともあります。

チェックだけで終わればいいのですが、それから集中力が切れることもよくあるのです。

こうなると頭が冴えなくなり、〝やるべき仕事〟ができなくなります。


1分間で、朝一ですることと、再スタート時にすることをだんどりしておきましょう。

これでかなりの時間短縮ができるようになります。

文章をスムーズに書くための「1分間だんどり法」

先ほどの項目で「３６５日ブログを書いている」という話をしました。

前の日に、１分間で書く内容をだんどりしておく他に、もう１つ工夫していることがあります。

これを知っておくと非常に便利で、文章がスムーズに書けるようになります。

私のブログは二部構成になっています。（※詳しくは【菊原智明　ブログ】で検索）

第一部は、

「今日は大学の授業日です」

「ソフトバンクホークスが勝利して嬉しい」

「仕事と飲み会があります」

といった今日の予定や趣味などのプライベートの内容を書いております。

１分程度で書ける短い文章です。

そして第二部では、「ビジネス・コミュニケーション・営業活動などに役立つ情報」を提供しているのです。


第一部の内容は、コンテンツとはまったく関係ありません。

言ってみれば必要のない文章です。

ただ読んでいただいている方によっては「ここの部分が好き」と言っていただけることもあります。

たわいない文章ですが、これは〝大切な役割〟があります。

どんなにブログを書くことに慣れても、時々「今日はなかなか書けない」という日もあります。

こういった時にパソコンを眺めていても全く進みません。

時間が経てば経つほど「早く書かないと……」と焦ってしまうのです。

こんな時は、「今日はソフトボールの試合日です」と打ち込んでいきます。

少しでも指を動かすと脳が活性化されます。

これがきっかけとなり、「そうだ、こういう内容にしよう！」と書くことが思いついたりするのです。

真っ白なワードに向かった際、まずは「今日はこんな予定がある」などと打ち込んでみましょう。

初めの1分間は、こうした内容には関係ない文章を打ち込んでみるのです。

もし会社に提出する文章やお客様に送るメールでしたら、プライベートの部分を最後に削除すればいいのですから。

文章を書く際の「1分間だんどり法」、ぜひお試しください。

はかどらない時間帯でも仕事を進めるための「1分間仕事分別法」

短縮力のある人は、〝はかどらない時間帯の扱い方〟がうまいものです。

仕事が思うように進まず、パソコンの前でうんうん唸っているというロスタイムを極力なくすように工夫しています。

仕事をしていて「この状況はダメだ」と判断したら、すぐに場所を変えます。

会社内で移動する時もあれば、お気に入りのカフェやファミレスに行く場合もあるのです。

今はどこのカフェもネット環境が整っており、仕事ができます。

第二の職場にしている方もたくさんいらっしゃいます。

場所が変われば気分がガラッと変わり、再び仕事が進むようになるものです。

ただし、カフェで仕事をする場合、だんどりしておいてほしいことがあります。

お気に入りのお店だって、常に静かでいい環境なわけではありません。

そもそもカフェは自分だけの場ではないのですから、騒がしくても文句は言えません。だんどり力のある人は、それを想定しており、1分間で対策を怠らないのです。

外で仕事をする時は、

●静かで集中できる時用の仕事

●うるさくてガヤガヤしている時用の仕事

の2つを用意します。

こうしておけば、もし集中できない環境になったとしてもストレスはありません。どんな状況になったとしても対応できるように、だんどりしておくのです。

もう1つ、仕事の分別法についてご紹介します。

それは〝**重要な仕事**〟と〝**軽く手を付ける仕事**〟**に分けておく**、ということです。

こちらも1分間で簡単に分別できます。

重要な仕事については、できる限り〝朝の時間帯〟に行います。

お客様のアポイントや会議があった場合は別として、それ以外は朝一にやってしまうのです。

こうした重要な仕事が1つ終わると、「よし、さっそくいい仕事ができた。今日は調子がいいぞ」と満足感を得られます。

朝から1つ大きな仕事が終われば、本当に気分がいいものです。

これが呼び水となり、仕事のスピードは加速します。

そして、午後になり「ちょっと疲れたなぁ」と感じる時間帯になったとします。

そういった**集中力が落ちる時間帯に入ったら、〝軽く手を付ける仕事〟をやるといいの**です。

軽く手を付ける仕事というのは通常、期限が先だったりします。

ネットでネタを集めたり、人から話を聞いたりと、リラックスして行動することでいいアイデアが思いつくものなのです。

だんどり力のある人は、仕事をする前に1分の時間を使い、しっかりと仕分けておきます。

だからこそ、短時間で最大の結果を出すことができるのです。

できる人の「1分間仕事分別法」、ぜひ参考にしてください。

短縮力をつけたいなら〝やりっぱなし〟の仕事をしない

時間をロスする原因の1つとして、やりっぱなしで完結しないということがあります。

完結しない仕事というのは、結局あとで同じ作業をするはめになります。

重複して無駄なのですが、サボっているわけではないため、なかなか気が付きません。

こういった無自覚で消えていく時間には、くれぐれも注意しなくてはならないのです。

代表的なのは書類を処理する時です。

一つひとつはたいしたことありませんが、積み重なれば膨大な時間になります。

こうした見えないロスタイムを極力なくしていくべきです。

私のところには毎日、仕事先の会社から届く重要な書類から、ＤＭ的な重要度が低いものまで、さまざまなところから多くの書類が届きます。

以前はその書類にサッと目を通し、「これはあとでじっくり読もう」と思うものは保留のケースに収納していました。

これだと、箱があっという間に埋まっていきます。

ここから一つひとつ書類を取り出し、読み返し「これは必要」とか「これは必要ない」と判別していたのです。

一度読んだものを再度読み直す、といった行為は思いのほか時間をロスします。

ある時、無駄に気が付いた私は、保留ケースを廃止することにしました。

この箱がなくなると、書類を開封したらその場で読んで処理するしかなくなります。

これで書類の処理スピードが上がり、一気に時間短縮になったのです。

短縮力をつけたいなら、やりっぱなしの仕事をしないようにしましょう。

これは書類だけではなくメールでも言えることです。

以前は届いたメールを読んで、「これは重要な内容だからあとで送る内容をじっくり考えよう」と開封したメールをまた未読にしていたりしました。

これも書類同様、一度読んだものを再度読み直すことになります。

効率が悪いですし、かなりの時間のロスになります。

メールについても、開封したらその場で返信するといいのです。

また、返信に時間がかかりそうな内容のメールは、「今は時間がない」という時は開封自体をやめたのです。

それからはスムーズに返信できるようになりました。

またメールについての時短技ですが、45ページでもお話ししましたが、「文書のテンプレート化」をしておくと便利です。

たとえば「いつもお世話になっております」のような仕事でよく使う文言は、「いつ」とタイプするだけでそのフレーズに変換されるようにしておきます。

これも時短のためのだんどりです。

こういった工夫をしたことで、今では開封したら1分で返信できるようになりました。

時間短縮の最大のポイントは、〝手をつけたら結果に結びつける〟ということです。

書類やメールがどんどんたまってしまうという人は、ぜひ参考にしてみてください。

心と体の「1分間コンディション調整法」

スポーツトレーナーの方とお会いした時のことです。

選手にも調子がいい時もあれば悪い時もある、という話をしていました。

どんなに素晴らしい一流選手だとしても波があるものです。

これはビジネスでも同じですね。


選手たちはコンディションを整えるために、コーチからいろいろなアドバイスを受けます。

〝自分では見えない部分〟をチェックしてもらうことで調子を戻す場合も多いのです。

そのアドバイスは的確でないといけません。

だからこそ一流のプレイヤーは、一流のコーチをつけるのです。

名コーチは選手がスランプに入った時、あえて細かい部分の指摘や修正をしないと言います。

よけい混乱してしまうからです。

部分的なことではなく、基本の基本に戻り、体のコンディション調整だけに集中するというのです。

調子を落としているのは、単純に疲れているからというケースが少なくありません。

余計なことを考えず、体をリカバリーするのです。

やり方は、軽いメニューに変えたり、ストレッチを中心としたリカバリーメニューに変えたりします。

時には温泉に行ったり、デトックスをしたりと人によってさまざまなようです。

こうして体の調子を戻すことで、再びいい成績が残せるようになります。

総じてコンディションを重視する選手は長く活躍できるものです。


これはビジネスでも言えます。

とくに営業職は波が大きいものです。

契約がたくさん取れて凄くいい調子だと思っていたら、突然悪い流れがきてスランプになったりします。

1年中いい状態を続けるのは、ほぼ不可能なのです。

悪い状態の時にドタバタ動くと逆効果になり、いい結果にはつながりません。

そんな時は、思い切って仕事から離れるのも1つの手です。

私にも経験がありますが、営業活動で調子が出ないのはやり方ではなく、単純に〝コンディションの調整が足りない〟なんてこともよくあります。

気分転換をしたとたん、調子が戻ることもあったのです。

調子がよくない時は、思い切って1日〝ヒーリングデー〟を取ることをおススメします。

一度仕事から離れてリセットするといいです。

あなたの好きな方法で体のメンテナンスをしてみてください。

ただ、なかには「仕事が忙しくてそんな時間はない」と言う方もいるでしょう。

そこで手軽にできる方法をご紹介します。

それは、**「1分間ゆっくりと自分の呼吸に集中してリラックスする」**ことです。

たった1分ですが、心と体が回復するのを感じてもらえるはずです。

この方法でしたら今この瞬間にも実行可能です。

これで気分が切り替わり、一気に流れがよくなることもありますので、ぜひお試しください。

仕事のパフォーマンスを劇的に上げる「1分間運動」

今まで仕事のパフォーマンスを上げる方法についてご紹介してきましたが、ここで私が今一番効果を実感している最強のだんどり方法をご紹介します。

その方法とは、ズバリ**「仕事が忙しい日の朝に運動する」**ということです。

こう聞いて、「えっ、忙しい日にわざわざ運動するの？」と疑問に思った方もいるかもしれません。

私自身、この話を聞いた時は、「忙しい日の朝に運動するなんてとんでもない」と思っていました。

やってみれば分かると思いますが、**運動した日は頭が冴え、仕事のスピードがだんぜんアップする**のです。

ところで、あなたのまわりにボディメイクをする人が増えていませんか？

私のまわりでもそういった人が増えています。

いわゆる「筋トレ」です。

その方たちは単に筋肉をつけているのではなく、仕事のパフォーマンスを上げるためにやっているのかもしれません。

仕事が早い人はこの事実にいち早く気づき、実践しているのです。

この方法は、私の知人から教えていただきました。

知人は以前からボディメイクにハマり、体を鍛えたところ、仕事の処理スピードが上がっていることに気がついたと言います。

初めのうちは「今日は仕事が少ないから朝筋トレしよう」とやっていたそうです。

忙しい日は、筋トレなどせず体力を温存させてきました。

ところが、**「朝運動したほうが脳の働きがよくなり、仕事が何倍も早く片づく」**ことに気づいたというのです。

原理としては、運動することで心拍数が上がり、全身に栄養や酸素が行き渡るということです。

脳科学や体についてこれ以上詳しくなるより、まずは実践してみてください。

私は聞いた時こそ「そこまで効果はないだろう」と半信半疑でした。

しかし、やってみて頭の回転がよくなるといった、驚くほどの効果を感じたのです。

その日の運動は、その日のパフォーマンスを上げる。

と聞いて「まあ、そうかもしれないけど、朝からそんな時間はないよ」と思った方もいるでしょう。

そんな方は、**1分間体を動かすだけでいい**のです。

私は1分間で30回の腕立て伏せをします。

たった1分ですが、十分心拍数が上がります。

心拍数が上がることで全身に血を回すことができるのです。

仕事が忙しい朝に1分間運動をしてみてください。

必ずやあなたのパフォーマンスがアップします。

「今日は話だけだから」と言われても、必要な資料を持っていく

「チャンスの女神は前髪しかない」という言葉を聞いたことがありますか?

チャンスの女神には前髪しかないので、向かってくる時につかまなければならない、といったことわざです。

神話に詳しい人から「女神は髪を前に束ねているのであって、後ろ髪がないわけではない」と聞いたことがあります。

確かに後ろ髪がなくハゲている女神は、ちょっとイメージしにくいです。

話を聞いて納得しました。

いずれにせよ、**「チャンスは一瞬しかない！」**ということです。

チャンスが過ぎ去った後「あの時もっとこうすればよかった……」と思わされる経験が何度もあります。

まずは住宅営業マン時代のことです。

非常にお世話になった入居済みのお客様から、「菊原さんに紹介したい人がいるんだけど」という電話をいただいたことがありました。

こういった電話は嬉しいものです。

お客様は「来週、家づくりを考えている同僚がうちに来るから菊原さんも来てよ」と言ってくれたのです。

私が「資料とか準備したほうがいいのですか？」と聞くと、「いいよ、堅苦しい感じにしなくても決まるから」と言ってくれました。

そして当日、言われた通り私は、ほぼ手ぶらでお伺いしました。

同僚の方をご紹介いただき和やかに話をしていたのですが、思いのほか細かい部分まで質問してきます。

話をしながら「あの資料を持ってくればよかった……」と、もどかしい思いをしたのです。

その後、ご紹介いただいた友人の方とはお会いできませんでした。

もし、あの時しっかり資料を持っていき、興味を惹けていれば、全く違う結果になったでしょう。

私はだんどりをしなかったために、絶好のチャンスを逃したのです。

独立してからも失敗したことがあります。

研修先の社長から、「仲間内の飲み会だから、顔だけ出してもらえればいいい」と言われ、名刺だけ持って伺ったことがあります。

紹介していただいた方には、研修内容について興味を持っていただきました。

郵便はがき

切手をお貼りください。

102-0071

東京都千代田区富士見
一－二－十一
KAWADAフラッツ一階

さくら舎 行

住 所	〒 都道府県			
フリガナ		年齢	歳	
氏 名				
		性別	男 女	
TEL	( )			
E-Mail				

さくら舎ウェブサイト www.sakurasha.com

愛読者カード

ご購読ありがとうございました。今後の参考とさせていただきますので、ご協力をお願いいたします。また、新刊案内等をお送りさせていただくことがあります。

【1】本のタイトルをお書きください。

【2】この本を何でお知りになりましたか。

1.書店で実物を見て　2.新聞広告(　　　新聞)
3.書評で(　　　)　4.図書館・図書室で　5.人にすすめられて
6.インターネット　7.その他(　　　)

【3】お買い求めになった理由をお聞かせください。

1.タイトルにひかれて　2.テーマやジャンルに興味があるので
3.著者が好きだから　4.カバーデザインがよかったから
5.その他(　　　)

【4】お買い求めの店名を教えてください。

【5】本書についてのご意見、ご感想をお聞かせください。

●ご記入のご感想を、広告等、本のPRに使わせていただいてもよろしいですか。
□に✓をご記入ください。　□ 実名で可　□ 匿名で可　□ 不可

この時も手元に資料がなかったために、十分な説明ができませんでした。
この時も結局、チャンスを逃してしまったのです。

結果を出す人は、お客様から「何も持ってこなくてもいい」と言われても、しっかりと説明できる資料を持っていきます。

そういっただんどりに抜かりがないのです。

チャンスは一瞬で生まれ、一瞬で過ぎ去っていきます。

常に準備をしてチャンスを逃さないようにしましょう。

次の手をだんどりしておけば、１分間で立ち直れる

尊敬する著者と食事をしていた時のことです。
その方のスマホが鳴り、「出版社からなのでちょっと出ていいですか？」と言って電話に出ました。
電話の対応からして「話がうまく進んでいない」という感じです。

3分程度話をして電話を切ると、「期待していた企画ですけど、ダメでした」と非常に残念そうにしていたのです。

「こんなすごい著者でも断られることがあるんだ」と驚きました。

また、その結果に対して「まぁ、たいしたことありませんよ」とやせ我慢するのではなく、私の前で素直に残念がっていた姿に親近感を覚えたものです。

普通の方でしたら、ここで愚痴ったり、泣き言を言ったりするかもしれません。

しかし、その方は違いました。

1分程度ガッカリしたら、フッと真顔になり、SNSでメッセージを送ったのです。

その途端、すっきりした表情でまた飲み始めました。

私がSNSのメッセージについて質問すると、「この結果は想定していましてね。準備していた次の一手を打ったんですよ」とおっしゃったのです。

この方のだんどり力は半端ではありません。

この企画には思い入れがあり、企画書を出版社に出していました。

「9割方通るだろう」と思いながらも、いざという時の一手の〝次の候補先に送る〟というだんどりをしていたのです。

だからこそ断られても1分間で立ち直れるのです。

もし、次の候補先をだんどりしなかったらどうなったでしょうか？

その日はやけ酒になったでしょうし、次の展開まで時間をロスしたに違いありません。

冷静に常に次の手を準備している姿を見て、「さすがクレバーな人だなぁ」と心底痛感したのです。


基本的にトップ営業マンはプラス思考です。

お客様に提案する際「間違いなく気に入ってもらえるだろうし、これで契約になる」と思いながら臨んでいます。

このようにプラスに考えながらも、「万が一ダメだった場合はこの手を使う」というだんどりをしています。

だからこそ、物事がうまく進まなくても冷静に対応できるのです。

「プラス思考＋次の一手」を用意しておきましょう。

そうすれば、失敗したとしてもすぐに行動することが可能になります。

トラブルを防ぐために、起こりそうなことを先に伝えておく

トップ営業マンのAさんとお会いした時のことです。

Aさんは工務店で営業をしています。

営業だけでなく、営業企画、人材教育など、たくさんの仕事を同時にしている人です。

プレイヤーとしては優秀だけど人は育てられない、という人が多いなか、この方は違います。

あらゆる方面で才能を発揮し、結果を出す本当にすごい人です。

そんなAさんの一番の悩みは、〝お客様からのクレームで足止めを食らい、失速する〟ということです。

これはAさんだけの問題ではなく、部下たちもクレームによって勢いが止まってしまうのです。

これが一番の問題でした。

クレームとは恐ろしいもので、絶好調だったのに、１つのクレームで一気に勢いが止まってしまう、ということもよくあります。

私自身もよく経験したものです。

順調に契約が取れ出した途端、予想もしなかったところからクレームが発生したりします。

10いいことがあっても１つの嫌なことで帳消しです。

クレームが気になって他の仕事にも集中できなくなるため、過去の私も含め、こうして多くの営業マンがブレイクできずに苦しんでいるのです。

そこでＡさんの会社が取り入れたのは〝**お客様に、前もってクレームになりそうなことを伝える**〟ことでした。

引き渡し時に「住んでから１～２ヵ月でドアの開閉が悪くなったりします」などと言っておきます。

もちろん「そうなってもしっかり手直しします。そのために２ヵ月点検があるんですから」と伝えておくのです。

突然のクレームが発生しないように、いくつか布石を打っておきます。

これこそ、だんどり力です。

その後Aさんはもちろんのこと、チーム全体でクレームが激減したと言います。

営業の例をお話ししましたが、もちろん他の職種の方も応用できるノウハウです。

仕事相手に対して「こういった問題が起こるかもしれませんが、その時はAとBの方法で解決できますから安心してください」と伝えておきます。

前もって知っていれば「あぁ、○○さんが言っていたことだ」と安心するでしょう。

「クレームになりそうなことと解決策」を前もって伝えておく。

仕事をスムーズに進めるための、だんどりをしておきましょう。

人と会う際のだんどりの一流、二流、三流とは？

この章の最後に、ちょっとバージョンアップしただんどり力についてご紹介します。

これを知っておくと、人と会う際、一味違った印象を与えることができます。

以前、私と著者のAさん、Bさんの3人で飲もう、という話になりました。

こういったお誘いは嬉しいものです。

Ａさん、Ｂさんと会うのも久しぶりでした。

私はお二方のブログをチェックして、「Ａさんはこんなところで仕事をして、Ｂさんは先週旅行だったのだな」などと、つかみネタを準備します。

これぞ、「1分間だんどり力」です。


私は、待ち合わせ場所には30分前に着くように向かいます。

ただお店に入るのには早すぎるので、近くを歩いて時間をつぶしました。

15分前になったところでお店に入ると、すでにお２人は来ていました。

できる人は時間に正確なのです。

「さすがだなぁ」と思いながら席につきました。


飲み物のオーダーも終わり、「さあ、準備してきたネタを出そう」などと思っていたところ、Ａさんが「ここにサインしてください」と私の本を出してきたのです。

ここに来る前に本屋さんで買ってきたと言います。

さすがのだんどり力で、本当に嬉しいことですが、「その手があったかぁ」とやられた感がありました。

さらにBさんはもっと上手です。

スマホを開き、「今日のフェイスブックで、菊原さんの新刊を紹介しておきましたよ」と言ってきたのです。

これも本当に嬉しかったです。

ただ、この2人の気遣いに「ブログをチェックする程度では太刀打ちできなかったかぁ」と深く反省しました。

こういっただんどり力を目の当たりにして、「だからこそ結果を出し続けているのだな」と痛感したものです。

まったくの手ぶらで登場する人は三流。

ネタを用意してきて二流。

相手が喜ぶ行為をしてきて、一流のだんどりなのです。

人と会う際のだんどり力、ぜひ参考にしてください。

第2章 「『1分間だんどり力』があれば、仕事はこんなに短縮できる」の

まとめ

- ➜ 出たとこ勝負は敗者の戦略。
- ➜ 結果を出す人は、最悪を想定してだんどりをしている。
- ➜ 結果を出す人は、ネガティブに準備して、ポジティブに行動する。
- ➜ 前の日に1分間で“朝一”でやることを決めておく。
- ➜ 書き初めの1分間、少しでも指を動かすと脳が活性化される。
- ➜ 仕事をしていて「この状況はダメだ」と判断したら、すぐに場所を変えるべし。
- ➜ 調子がよくない時は、思い切って1日“ヒーリングデー”にする。
- ➜ 仕事の忙しい朝にこそ運動すると、パフォーマンスはアップする。
- ➜ ガッカリするのは1分間まで、すぐに次の一手を！
- ➜ 手ぶらは三流、ネタを用意してきて二流、相手を喜ばせて一流。

第3章

「1分間巻き込み力」があれば、仕事はこんなに加速する

すぐやる人は、「1分間巻き込み力」を持っている

長期間活躍する人は例外なく、他部門のスタッフといい関係を構築しています。まわりの人を巻き込み、しっかりとした協力体制をつくっているのです。一人でできることは限られますが、チームでやれば可能性は無限大に広がります。ですから最速でいい仕事ができるのです。

そういった巻き込み力のある人たちは、具体的にどんなことをしているのでしょうか？巻き込み力のある人たちの特徴ですが、まず**「感謝を形に表す」**ということです。あなたは誰かに助けてもらった際、どのようにしていますか？心の中で「感謝しています」と思っているだけでは意味がありません。思わないよりはいいですが、これでは相手には伝わらないのです。

「あの人とは阿吽《あうん》の呼吸だから、言わなくても伝わるだろう」などと思っていては、やが

てはミスコミュニケーションにつながります。

やはり感謝の気持ちを伝えるのはもちろんのこと、何らかの形でお礼をしたほうがいいに決まっているのです。

これは、私生活でたとえると実感しやすくなります。

知人にある家電製品をプレゼントした時のことです。

それを渡すと「こういう物ってあると便利ですね」と言って、無表情でさっとバッグにしまったのです。

やはりお礼の一言は欲しいですし、できればその場で開封して「これ欲しかったんですよ。ありがとう！」と感動してもらいたいものです。

その後、何のお返しもありませんでした。

お返しが欲しくてプレゼントしたわけではありませんが、本当に寂しい気持ちになったものです。

〝返報性《へんぽう》の原理〟という話を聞いたことがあるでしょうか？

これは〝何らかの施しを受けたら、お返しをしたくなる〟という感情を抱くという心理のことを言います。

この感覚がズレている人は非常にマズいのです。

こういった人は、まわりの人に何かしてもらったとしても、「まぁ、お互い様だから」とお礼も言いませんし、とくに感謝もしません。

こういった人には誰も協力しなくなるのです。


仕事時間を短縮するために、まわりの人の協力は不可欠です。

そのために、日ごろから意識して感謝を伝える工夫をする必要があります。

これはまわりの人を巻き込む基本です。

まずは、**意識して感謝の言葉を伝えてください。**

初めのうちは少し照れくさいかもしれませんが、慣れれば〝言わないと気持ちが悪い〟といった感じになります。

言葉でしたら1分どころか10秒でできますし、コストもかかりません。

これがすべてのスタートです。

お礼を伝えられるようになったら、今度は形があるものをプレゼントしましょう。

スタッフのなかには「お礼はいいですから」と言う人がいますが、こういった方にこそ何かちょっとしたものを買ってお礼をしてください。

とにかく何かの好意を受けたら、必ず感謝の気持ちを伝えてほしいのです。

お礼を形にして伝える人だけが協力を得られ、まわりの人たちを巻き込むことができるのです。

結果を出している人は、仕事相手に１分以内でレスポンスする

まわりを巻き込むためには、まず〝感謝の気持ちを伝える〟ことが大切です。

「ありがとうございます」という回数と、巻き込み力の大きさは比例します。

意識して言うようにしましょう。

このことと同じくらい大切なことがあります。

それは**「気持ちはスピードで伝える」**ということです。

いくら口で「感謝していますよ」と言ったとしても、やることが遅かったらどうでしょうか？

お誘いメールを送ってもぜんぜん返信が来ない。

こんな時は「本当は嫌だったのかな？」と思ってしまうものです。

そうではなく、誘って1分もしないうちに「ぜひ参加します！」と返信が来れば嬉しいものです。


「気持ち、熱意はスピードで示す」

私が仕事をするうえで大切にしている考え方です。

これは常に意識しています。

ですから人から声をかけていただいた時は、できる限り早くレスポンスするのです。


私自身も返信や仕事は早いほうだと自負していたのですが、やはり世の中は広く、上には上がいます。

その方たちを2人ほどご紹介します。

一人の方は17ページでも登場した広告の営業マンBさんです。

この方は最新ツールを使って、最速でレスポンスするタイプの人です。

SNSやスマホのアプリを積極的に利用し、お客様が得意なツールでやり取りします。

他の営業マンがお客様の問い合わせに１日、２日かけるなか、この営業マンは〝１分以内でレスポンス〟するのです。

このスピードだけでも「この人とならば気持ちよく仕事ができそうだ」と感じます。

便利なツールを使いこなした今風の結果の出し方です。

もう一人の方はちょっと年輩の方です。

やはり問い合わせに関して１分で返事をします。

山に向かって叫んですぐに返ってくる、「やまびこ」をイメージしていると言います。

実際、やり取りをしましたが、本当に行動が早いのです。

どちらの方も、２位以下を倍以上離してのダンゼン１位のトップ営業マンです。

熱意はスピードで示す。

これからの時代、こういったスピード感を持っている人が選ばれていきます。

必ず１分以内ですぐに返事してくださいとまでは言いませんが、できる限り早くレスポンスするようにしましょう。

可能な限り仕事が早い人と付き合っていく

私はいろいろな方とお仕事をさせていただきます。

一期一会で一回だけのお付き合いのケースもありますが、そういった付き合いも大切にしたいものです。

そのなかでも「この方とぜひもう一度仕事をしたい」と思う方もいます。

リピートいただいた時は喜んで受けますし、こちらから声をおかけして、再度お仕事させていただくこともあります。

今後も末長くお仕事したいと強く思います。

こういった方々の特徴は〝仕事が早い〟ということです。

もちろん仕事内容も正確です。

スピード感があり、期限に遅れることなどないのです。

仕事はとても気持ちよく進みますし、トラブルも起こりません。

あなたのまわりにもそういった仕事が早い人がいるでしょう。

もし、こういった人と出会った時は、絶対に逃さないようにしてください。

仕事が早い人のまわりには、必ず有能なスタッフが存在しています。

チームのメンバーもスピードが速いのです。

仕事が早い人を巻き込んで最強のチームをつくっています。


短縮力を高めるために、仕事が遅い人との付き合いは避ける必要があります。

自分が早く行動してもまわりの人の動きが遅いと、ものごとがスムーズに進まなくなります。


可能なかぎり〝仕事が早い人とだけ付き合っていく〟ということが理想です。


しかし、環境上「そんな人ばかりじゃないよ」と言う方もいるでしょう。

会社によっては、その部署の担当が2〜3人という場合もあります。

その場合は、可能な限り「AさんよりBさんのほうがいいな」と、仕事が早い人を選んでいくのです。

1分でも稼ぎ取る、と考えることで仕事のスピードが上がります。

仕事を効率的に行うために、まずは自分の処理スピードを上げることが必要です。

ただ、自分一人ではすぐに限界がきます。

やはり協力者の力が必要になります。

その仲間は、できるだけ仕事が早い人を選んでいくようにしましょう。

ぜひ意識して自分のチームをつくってください。

フットワークの軽さは、良好なコミュニケーションが基盤

私は、10年以上前から大学で学生に営業の授業をしています。

学生と社会人の違いはいろいろありますが、そのなかで一番の大きな違いは〝フットワークの軽さ〟です。

学生たちは「ここに行ってみたい」と思いついた瞬間、1分以内にグループラインに告知します。

そして、その数分後に予定が決まるのです。

このスピード感を目の当たりにすると、「やはり時代が変わったんだな」とつくづく思います。

ただこのスピードには前提条件があります。

サクサクものごとが決まっていくのは、コミュニケーションが取れている仲間だけの話です。

普段の関係性が大いに影響するのです。

グループ外の人や、〝この人はちょっと〟という人からの「みんなで集まろう」というオファーがあっても、なかなか返事をしません。

未読のまま保留されたり、既読スルーされたりします。

便利なツールだけではスピードアップできないのです。

これはビジネスの世界でも共通です。

重要ではない人からの連絡は後回しにします。

何かの誘いがあったとしても返信せず、催促されて初めて「その日は都合がつきそうもありません」と断るものです。

あなたが何かイベントや新企画を提案したとします。

相手から反応がなかったり、そのまま話も立ち消えになる、なんてことが多くなったら、コミュニケーションにおいて〝黄色信号〟ということになります。

まわりの人たちの反応をチェックしてみましょう。

○誘っても返事が遅い
○なんだかんだ言って断られる
○そもそも返事がない

などなど。

このようなことが増えたら「まわりの人とコミュニケーションがうまく取れていない」という証拠です。

仮にこのような状態になっているのでしたら、仕事よりも〝人付き合いのメンテナンス〟を最優先させてください。

スピード感を持って仕事をするために〝良好なコミュニケーション〟は欠かすことはできません。

お礼を伝えたり、約束を守ったりと、普段からしっかりとメンテナンスして、良好な関係をつくっておきましょう。

仕事を前倒しにして、確実に信頼ポイントを積み上げる

いい関係を保つためには普段から信頼関係を構築する必要があります。

これはまわりのスタッフの方たちもそうですし、クライアントやお客様ともいい関係を築く必要があります。

仕事で結果を出すためにはクライアントの信頼度を上げる、もしくはお客様の満足度を上げていくといったことが非常に大切なのです。

どんなビジネスも、信頼度と満足度が上がれば継続してうまくいきます。

それは誰もが実感しているでしょう。

ではどうやって信頼度と満足度を上げればいいのでしょうか？

その１つの方法として〝**期待を上回る**〟というのがあります。

たとえば、商品Ａの見積もりを依頼したとします。

そこで担当の人が「これが商品Ａの見積書です。見積書とは別に商品Ａに関する資料をレポートにまとめましたので、これもどうぞ」と言ってきたらどうでしょう？

ただ見積書を出すだけの人より、何倍も好印象を持つはずです。

「相手が思っている以上のことをする」というのは常に意識するようにします。

しかし、これを相手がどう思うかは分かりません。

こちらがよかれと思ってつくった資料も、お客様は「私が求めているものとはちょっと違う」と受け取る場合もあります。

それどころか「なにか裏があるのかな？　余計なものを売り込まれそうで怖い」とマイナスに受け取るかもしれません。

これでは逆効果になってしまいます。

逆効果にならず、絶対にお客様に確実に信頼のポイントを稼げる方法があります。

それは〝**時間を前倒しする**〟ということです。

約束の日より少し早く仕上げ「予定より少し早くできましたので」と言って提出するのです。

提出期限に遅れれば文句を言われますが、前倒しにしてクレームをつける人はいません。

これを続ければ確実に満足度は上がっていくのです。

内容で期待以上のものを提供するのは簡単ではありません。

しかし、前倒しで提出することでしたら確実にポイントを積み上げられます。

これが一番確実で、最も簡単に信頼関係を築く方法なのです。

「５日でできます」と約束して、３日で提出する

先ほどの項目で「仕事を前倒しにして、確実にポイントを積み上げる」という話をしました。

ここでは、その具体的なノウハウをご紹介します。

まずはもったいない例からご紹介します。

ある編集者と仕事をしていた時のことです。

仕上げた原稿を送ると「３日後までにチェックして送り返しますね」というメールが返ってきました。

ところが3日経っても4日経っても返信は届きません。

心配になって連絡すると、「昨日まで他の仕事が手一杯で、あと3日欲しいのですが」と納期の延長を要求してきました。

さらにはこの3日も間に合わず、結局1週間後にチェックされた原稿が届きました。

この編集者は仕事熱心で真面目な人です。

しかし、2度期限を破ることで信頼を失っているのです。


もしこの時、ギリギリ間に合う3日後ではなく、「1週間後までにはチェックした原稿を送りますね」と言っておけばどうでしょう？

仕事相手を待たせることなく、しかも「期限をしっかり守れる人だ」という印象になったはずです。

同じ1週間でも全く違う結果になります。


納期の約束は、トラブルがあっても間に合うように設定しましょう。

仮になんのトラブルもなく3日でできた時は、「ちょっと早めにできたので送ります」と前倒しで送ってしまえばいいのです。

遅れて怒る人はいますが、早すぎて「なんでこんなに早く仕上げるんだ！」と怒る人はいません。

依頼先から「３日後までにやってください」と期限を決められた時は仕方がありませんが、それ以外は多少安全マージンを見て約束したほうがいいのです。

私自身も安全マージンを取ります。

３日でできる仕事であっても、何が起こるか分かりません。

依頼相手に対して「5日もらえればできます」と回答します。

突然体調を崩すこともあれば、トラブルに対応しなくてはならない時もあるものです。

またどうしても気分が乗らず書けない時もあります。

２日ほど余裕を見ておけば安心します。

通常は5日で約束して3日で仕上げて送るので、「もうできたのですか!?」と驚かれます。

これを繰り返すことで信頼度をアップさせているのです。

仕事は余裕をもって約束し、前倒しで仕上げるようにしましょう。

そうすることで、相手からの信頼を深めることができます。

当たり前の仕事に300%の力で臨む

私の研修先の会社のことです。

経験は浅いのですが、社長から認められ、すぐに店長になったAさんの話です。

Aさんはいわゆるスピード出世しました。

Aさんは中途採用で、それもまったくの別業界から入ってきた方です。

今までこの社長は大卒の新人を好み、中途採用の人は「変な癖がついているからイヤ」と敬遠していました。

だからといってチャンスを与えないわけではありません。

社長はAさんにまず〝営業所の飲み会の手配〟を依頼します。

まずは仕事以外のことでどう行動するか、お手並み拝見といったところでしょう。

Aさんは飲み会の手配について〝300%の力〟で臨んだと言います。

まずはメンバーの好みの聞き込みです。

何が好きで、何が苦手なのかなどを把握して、そのうえで、一番評価のいいお店を予約しました。

さらには〝二次会の候補〟まで準備していたのです。

この姿勢に社長はＡさんに興味を持つようになります。

それから、社長はＡさんを呼び〝これからの会社の方針について〟話をしました。

多くの営業マンはただ話を聞くだけですが、Ａさんはしっかりとメモを取ります。

そこで社長は「今言ったことをまとめてくれ」と指令を出したのです。

Ａさんは翌日にまとめたものを提出します。

内容も完璧だったと言います。

社長はこうしてＡさんを気に入ったのです。


１年間、営業で実績を出した後、異例の早さで店長に昇格しました。

これがあったのも、飲み会の手配に３００％の力で取り組んだからです。

飲み会の手配を「プライベートの飲み会だし、まあ、このくらいでいいだろう」と適当にやっていたらどうでしょう？

今のポストはなかったのです。

つまらないと思えるような仕事でも全力で取り組む。
こうした人に次のチャンスが与えられます。

アドバイスを速やかに実行し、1分で報告する

私はリアルでお会いする個人コンサルティングの他に、通信講座の会員さんから質問メールをいただきます。

営業ノウハウから人間関係まで、内容は多岐にわたります。

質問に対して、アドバイスするのです。

うまくいっても、そうではなくとも、〝その後どうなったか〟を報告いただけるのは嬉しいものです。

しかし、〝アドバイスを実行し、そのことを報告してくる人〟は多くありません。

ということは、すぐに実行して報告できれば、結果を出す、出さないに関係なく好感を持たれるのです。

このワザは、いろいろなところで応用できます。

たとえば、知人から「駅の近くにできたケーキ屋さんはおいしいですよ」と教えてもらったとします。

教えてもらったら、すぐにそのお店でケーキを買って食べます。

そして、SNSを利用し、1分で「さっそく買って食べてみましたが、甘すぎなくておいしいですね」と報告するのです。

このようにすれば教えた知人も喜ぶでしょう。


まず、アドバイスを速やかに実行してください。

そして、それを教えてくれた人に報告するのです。

こういったことを繰り返すことで巻き込み力が強くなっていきます。


いつも結果を出していた先輩のことです。

契約を取るのはもちろん、お客様とこのワザでいい関係を構築していました。

端から見ていて「今回はどう見ても先輩のミスだ」と思っていても、お客様は怒っていませんでした。

「ほんと次からは勘弁してくださいよぉ～」と、笑いながら許してもらっていたのです。

一方、私は違いました。

ちょっとしたミスでも「これ以上のミスがあった場合、上の人を呼んでいただきますよ！」などと言われてしまいます。

先輩を見ながら「どうしてこうも違うのか」と不思議に思っていたものです。

先輩は電話魔で、ちょっとしたことでもすぐに報告する人でした。

時には「そんなことはいらないだろう」と思うことまで、お客様やスタッフに報告していたものです。

今から考えると、これでまわりの人を上手に巻き込み、チームとして工事を進めていたのです。

今、いろいろな方とやり取りをさせていただきますが、なにかアドバイスをしても多くの方はそれっきりです。

報告をしてくれる人がいかに少ないかを実感しています。

何も長い報告でなくてもかまいません。

ＳＮＳを利用して「あのアドバイスでチャンスをつかみました。ありがとうございます！」という短いメッセージでもいいのです。

これでしたら1分もかかりません。

アドバイスをもらったら速やかに実行して、すぐに報告するようにしましょう。

クレームはスピード勝負、共有化してチームで解決する

クレームが起こった時、あなたはどう対処するでしょうか？

クレームは報告しにくいもので、できることなら自分で何とか解決して、何事もなかったようにしたいものです。

私が深く携わっている住宅産業は、クレーム産業と呼ばれるほどクレームが頻繁に発生します。

クレームは小さい芽のうちに摘んでおくことが一番です。

こじれて問題が大きくなれば解決までに膨大な時間がかかりますし、他部門の人にも多大な迷惑をかけることになります。

ダメ営業マン時代の私は、このクレームにずいぶんと悩まされたものでした。

一番いけなかったのは、クレームに関して「まずはなんとかごまかそう」としていたことです。

お客様から「ここのスキ間が目立つのですが、何とかならないの？」というクレームに対して、「このくらいは誤差の範囲なんです」などと答えていました。

時にはこれで「まあ、仕方がないわね」と納得してくれる場合もありましたが……。

こんな対応をしていたのですから、お客様の不満がたまっていくのも当然です。

目の前の問題はクリアできたように見えても、そのうちに大問題に発展します。

問題をこじらせ、どうにもならない状態になってから、しぶしぶ上司に報告することになったのです。

もし、小さなクレームの段階から誠心誠意対応していたら、こんなことにはならなかったでしょう。

当時の私は「契約も取れていないし、これ以上評価は下げたくない」という自分の身を守ることしか考えていなかったのです。

クレームを後回しにしてごまかせばごまかすほど、あとで別の場所から大問題になって出現します。

こうなってからでは遅いのです。

これは身をもって体験してきましたが、絶対にやってはならないことです。

お客様との関係がこじれ、どうにもならない状態になってから報告されたのでは上司だって困ります。

クレームが発生したら、まずは上司に報告し〝今後どうやって解決していくか〟について話し合うことです。

そしてすぐに行動するのです。

上司によっては「ちょっと検討してみる」と言って、すぐに動いてくれない人もいます。

この間もお客様を放置してはなりません。

いつまでも「今検討しておりまして」と先延ばしにしていれば、事態はますます悪化することになるのです。

クレーム対応は、とにかくスピードが肝になります。

上司に相談したら、すぐに相手のところに向かってください。

最短でクライアントのところへ行き、顔を見せるだけでもずいぶんと状況がよくなるものです。

私が研修で行っていた会社は、「クレームはすぐに報告すればおとがめなしだが、隠すと罰則がある」といったルールがありました。

こういうルールがあれば、クレームを隠すことはしません。

この会社の営業マンたちはクレームが発生したらすぐに報告しますし、またミーティングで他のメンバーたちと情報共有します。

共有すればチームで解決できるようになります。

クレーム先から連絡が入った際に誰でもすぐに対応できるようになったことで、問題がこじれることもなくなったのです。

クレームは会社全体で共有化して、チームで解決しましょう。

巻き込み力のある人の、他部門との関係構築法

端から見ると楽そうに見える仕事も、じつは違った、なんてこともよくあります。

巻き込み力がある人は、他部門にも定期的に顔を出し、実際の仕事内容や気持ちを理解

しようとし、積極的に人とコミュニケーションを取っているのです。

イメージではなく実際を知っていますから、依頼する時も相手の立場に立った気遣いをします。

ですから、困った時にまわりの人たちから助けてもらえるのです。

私は、８年目にしてやっと結果を出した遅咲きの営業マンです。

訪問やテレアポから、営業レターというツールの力を使った手法への変更だったため、結果が出たうえに労働時間を圧倒的に短縮することに成功したのです。

トップ営業マンになってからは時短にも力を入れたことで、時間的にも余裕ができます。ほとんどの日は、午前中で仕事が終わるようになったのです。

そこで私は、他部署の方とコミュニケーションをよく取るようになりました。

それで気が付いたのは、「外から見ているのと実際の仕事は違う」ということでした。

その代表例が、アフターメンテナンス部門の仕事です。

今まで私はクレーム、点検といった業務を避けていました。

この時間は契約につながらないと思っていたからです。

時間的に余裕ができた私は、クレームや定期点検などの業務にアフターメンテナンスの人と一緒に行くようになりました。

一緒にお客様の家へ行ってみると、いろいろなことが分かります。

アフターメンテナンスの人はクレームの部分を直すのはもちろんですが、じつはお客様の愚痴に付き合っていることに気が付きました。仕事とは関係ない内容でもです。

そして、その愚痴を聞くことでクレームを最小限に抑えていたのです。


私は今まで、てっきりアフターメンテナンスとは、不具合部分を修復するだけの技術的なことだと思い込んでいました。

しかし現実は全く違います。

ハード面より、ソフト面のことのほうが大きなウエイトを占めていたのです。

アフターメンテナンスの人は思っている以上にお客様に気を遣っていますし、大変な仕事ということを理解しました。

それからは、アフターのスタッフの方々に対する依頼方法が変わります。

今までのようにメールやＦＡＸで「至急よろしく！」といったように、軽く依頼しないようになったのです。

「メンテナンスなんてノルマもないし気楽にやっているのだろう」といった感じで雑に依

頼されたら、どんないいスタッフもムカッときます。

たとえ仕事や予定に余裕があったとしても、「今日は目いっぱいなので無理ですね」と言うでしょう。

ましてや丸投げする営業マンが担当しているお客様の愚痴を、じっくり聞いてやろうなんて思うはずもありません。

ですから小さいクレームがいつの間にか大きくなり、結局自分の営業活動に支障をきたすのです。

巻き込み力がある人は、他部門と積極的にコミュニケーションを取り、そのスタッフの気持ちをよく理解しています。

大変さが分かっているからこそ、気持ちを込めて丁寧に依頼するのです。

まずはイメージではなく、本当の仕事内容を肌で感じてください。

ぜひ時間を取って「今日は私も同行させてください」と、他部門へ顔を出すようにしましょう。

実際の仕事を目の当たりにすれば、自分が何をすればいいのかが見えてきます。

もし他の仕事でどうしても行けない時は、お客様に「一番信頼できるスタッフを手配しましたから」と1分電話するだけでもスタッフの方たちは助かります。

巻き込み力のある人は、こういった気遣いを欠かさないのです。

ツールの力を利用し、チームの結束力を高める

一緒に働いていた後輩Aくんのことです。

Aくんは真面目で、お客様のことを本気で考えるタイプでした。

「お客様のためなら自分はどうでもいい」と考えるほど献身的な考え方で、まさに〝お客様側〟の営業マンだったのです。

ここまで考えてくれる営業マンはそれほど多くありません。

Aくんは、お客様と信頼関係を築いていました。

しかし、お客様受けはいいものの、社内では人間関係に苦しんでいたのです。

お客様への思いが強すぎるあまり、設計スタッフや現場監督と衝突している場面をよく見かけました。

スタッフのなかには、「Aくんの仕事だけはやりたくありません」と口にする人も少な

くありません。

お客様を思えば思うほどスタッフを敵に回し、苦しそうに仕事をしていたのです。

それに対し、お客様への思いが強くても社内でうまく立ち回れる人もいたのです。

後輩Ｂくんは、かなり無理な事をやっているのにもかかわらず、まわりのスタッフは協力的でした。


どうしてこんな差が出るのでしょうか？

それには巻き込み力が深く関係しています。

Ａくんは、お客様の思いを一人で抱え込む癖がありました。

その強い思いを共有しないため、スタッフに伝わらず、「なんて勝手なことを言い出すんだ」と思われてしまったのです。


一方、まわりの人たちとうまくやっていたＢくんは、思いをみんなで共有します。

一人で抱え込むのではなく、資料を見せて「お客様はこう思っているんですよ」とお客様の思いを説明したり、スタッフと直接会ってもらったりして巻き込んでいきます。

ですから無理を言っても摩擦がなかったのです。

お客様の思いは、一人で抱え込むのではなくスタッフと共有すべきです。

そのほうが人間関係もうまくいきますし、結果お客様のためにもなるのです。

スタッフを巻き込んでいくために、ツールの力を借りるのも1つの手です。

研修先の営業マンがスマホを操作しながら、「これ便利ですよ」とアプリを見せてくれたことがありました。

ラインに近いシステムで、〝営業、お客様、設計、監督〟がグループでつながっています。

まさに巻き込み力です。

このツールによって「かなりの時間短縮になった」と話していました。

少し前までは、お客様が気になったことがあった際、まず営業マンに連絡が入ります。

そして営業マンが監督に連絡して日程調整をしたりします。

これがなかなかお互いの調整がつかず、けっこう時間がかかったりするのです。

こういった時間はロスタイムになりますし、お客様にも迷惑をかけます。

それが、このツールを使ってからはロスがほぼゼロになったと言います。

今はお客様が直接「〇〇の部分が気になりまして」とメッセージを送れば、すぐに現場監督が「明日と明後日なら現場にいます」と返信します。

そのやり取りはグループ内の人も把握できます。

グループ内の人はチームですから、やり取りを見るたびに結束力が深まります。

情報を共有化できるうえに、空いた時間でほかの活動ができるのです。


まずは一人で抱え込まず、チームで仕事を動かすようにしましょう。

今は便利なツールがたくさんあります。

ツールの力を借りて巻き込み力を強化してください。

チームで「達成したらフレンチに行く」と目標設定する

自分で目標を決めコツコツ努力して、目標達成する人がいます。

なかには「人に言うとプレッシャーになるからイヤ」と言う人もいます。

こういったタイプはまわりの人を巻き込まず、ひっそりと努力したほうがいいでしょう。

しかしこういったタイプは少数派です。

ほとんどの人は意志が弱く、たった一人で目標を立てても「誰にもバレないし、まあ、いいか」と諦めがちになります。

やはりまわりの人たちに宣言したり、巻き込んだりしたほうがいいのです。

何か目標を決めたら、まずは人に宣言しましょう。

たとえば、社内会議の時、もしくはチーム内のミーティングなどで、「今期は必ずノルマを達成します！」と宣言します。

言った手前、簡単には投げ出せなくなります。

壁にぶつかった時、「会議で宣言しちゃったし、もうひと頑張りするか」と粘れるようになるのです。

宣言すれば達成率はグッと高まります。

ただこの方法は、ちょっとハードルが高く感じるかもしれません。

失敗したら笑いものになりますし、変なプレッシャーがかかり、かえって力を発揮できなくなる危険性もあります。

まだ実力不足で、会社で宣言する度胸はない、という方は、ブログやＳＮＳで宣言してもいいでしょう。

これでも十分な効果があります。

また宣言の内容の強度も調節可能です。

初めから「絶対にノルマを達成する」というハードな目標ではなく、「今日は11時までに２件のプレゼンをつくり上げます」というような簡単なことから宣言してもいいのです。

まずはできることから挑戦してみてください。

宣言するというのは思った以上に効果があります。

もう１つ紹介したい方法があります。

それはチーム内で目標について宣言し、**「もしこの目標を達成したらランチをおごりますよ」と約束する**のです。

たとえランチだとしても、何かを得られると思えば協力したくなるものです。

こうしてまわりの人を巻き込んでいきます。

予算的に余裕がある人は、フレンチのコースや飲み代などでもいいでしょう。

１人３０００円として、４人におごれば合計１万２０００円の出費になります。

一見高いように思えるかもしれませんが、この投資によって返ってくるリターンは計り知れません。

おこづかいが限られている人は、飲み物でもスイーツでもいいのです。
ぜひゲーム感覚で楽しんでみてください。

第3章

「『1分間巻き込み力』があれば、仕事はこんなに加速する」の

まとめ

➜ 巻き込み力のある人たちは、感謝を形で表す。

➜ 気持ち、熱意はスピードで示すべし！

➜ 可能なかぎり“仕事が早い人”とだけ付き合っていく。

➜ 納期の約束は、トラブルがあっても間に合うように設定する。

➜ 当たり前の仕事に300％の力で臨む人にチャンスが訪れる。

➜ クレーム対応は、とにかくスピードが肝。

➜ 何か目標を決めたら、まずは人に宣言する。

第4章

「1分間記録力（メモ術）」があれば、無駄が激減し一気に時短できる

1分間でメモすれば、ミスの8割は防げる

私は現役の時代も含め、25年ほど営業の世界に携わっています。

営業は数字の世界ですから、売り上げによって順位が決まります。

男性でも女性でも、新人営業マンでも、学歴がなくても契約をたくさん取った人の勝ちです。

勝ち負けが分かりやすく、フェアでもあります。

また、結果を出すまでの時間もさまざまです。

私のように8年間かかる人もいれば、入社してすぐにトップレベルの契約を取ってくる人もいます。

こういう天才営業マンを見ては羨ましく感じます。

ただ、結果を出し続けられるかどうかは別問題です。

せっかく結果を出したのに、つまらないミスで足を引っ張られ、普通の営業マンに戻っ

ていく人も少なくないのです。

私の会社にも天才型の後輩Ａくんがいました。

彼は爽やかでイケメン、だからといって気取ることもなく気さくな性格です。

当然、お客様からのウケもよく、すぐに結果を出し始めたのです。

「これはとんでもないトップ営業マンになるぞ」とみんなが思ったのですが、ある一定の成績を残すと契約数が頭打ちになります。

その理由は調子が出てきた時にかぎって手痛いクレームを食らい、その処理で足止めされるからです。

後輩Ａくんは初回接客から商談、そして契約まではしっかりと丁寧に対応をします。

しかし、契約書にハンコを押してもらった途端、フォローが手薄になります。

いわゆる〝釣った魚にエサをやらない〟タイプだったのです。

興味は新規のお客様へ移行するため、契約客との間にミスが増えるようになります。

●頼まれた資料を忘れる

- 約束の時間に5分遅れる
- 仕事の手配が遅い

などなど。

契約後のお客様ということもあり、「まあ、少しくらいのミスは愛嬌。許してくれるだろう」と少し気が抜けるのかもしれません。

お客様は今まで印象がよかった反面、「なんか大切にされていない」と感じるようになります。

こうして優良客が、知らず知らずのうちにクレーム客に変わってしまうのです。

後輩Aくんのミスの8割は、その時に**1分間で記録をしていれば防げたケアレスミス**ばかりでした。

これが原因で思うような結果を出せないままだったのです。

記録力を少しでも身につけていれば、間違いなくダントツのトップ営業マンになったでしょう。

本当にもったいないことです。

〝契約後も信頼関係が続くのか？〟それとも〝クレーム客になり営業活動の足を引っ張るのか？〟では、１８０度違ってきます。

そのためにも**「記録力」**を身につける必要があります。

つまらないミスで、せっかく築いた信頼関係を壊さないようにしましょう。

メモせずに、自力で思い出す行為は時間のロス

仕事をしていて「この程度ならメモしなくて大丈夫」と思ったとします。

しかし、細部を忘れてしまい思い出すのに時間がかかる、といった経験はないでしょうか？

20代の方はまだ実感がないと思いますが、40代になると次第にこういったことが増えていくのです。

仕事で付き合っている方は、私より少し上の世代が多く50代から60代、なかには60代後

半の方もいます。

皆さん健康でバリバリ仕事をしているのですが、多少は記憶力が落ちてきています。

よくある話は、「別の部屋に物を取りに行ったら、何を取りに行ったか分からなくなった」といったものです。

身近でそんな話をしている人がいるかもしれませんし、あなたもそういう経験をしているかもしれません。

また、最近よく聞くのが「パソコンで資料をつくろうとして、ソフトをクリックしていたら何をするのか忘れてしまった」という話です。

思い出すのに大変苦労すると言います。

思い出している時間は完全なロスタイムですし、何よりストレスがたまるのです。

以前は私も原稿を書く前に「ちょっとネットで調べておこう」と検索しているうちに、何を書こうとしていたのか分からなくなってしまうことがありました。

頭にあった構想が消えてなくなる、というのはとても悔しいのです。

しかし、最近は、ほぼこういった経験をしなくなりました。

それは記憶力がアップしたからではなく、記録するようになったからです。

やることを書いておけば、たとえ書く内容を忘れたとしても「そうだ、このテーマで書くんだった」と瞬時に思い出せます。

仕事も効率化しますし、物忘れのストレスがなくなるのです。


メモせずすべて記憶する、というのがカッコいいわけではありません。

しっかりとやるべき仕事を書いておけば、安心して忘れられます。

だからこそ、作業に最大に集中できるのです。

仕事のスピードアップのために積極的に記録するようにしましょう。

すぐやる人は、「４つの領域」でスケジュールを管理する

記録することで、ロスタイムが激減し仕事は効率化します。

しっかりとメモしておけば確実に時間短縮になります。

では、どんな方法で記録すればいいのでしょうか？

記録方法には手帳、メモ帳、スマホ……といろいろありますが、私のおススメはなんといっても**「ノート」**です。

なぜノートがいいかというと、スペースが広いため1日の仕事を4分割して記入できるからです。

私はこれで頭の中が整理され、仕事が飛躍的にスピードアップしました。

さらには「こうなれたらいいな」という目標のほとんどを達成できたのです。

ぜひこれは知っていただきたいノウハウです。

決して、私の能力が優れていたからではありません。

目標達成のための時間をしっかり取ったからにすぎないのです。

誰しも年始や新年度になると目標を立てると思いますが〝達成する人〟と〝達成せずに終わる人〟に分かれます。

それは実力があるかどうかではなく、目標達成に関して〝時間をどのくらい費やしたか〟で決まるのです。

目標達成できない人は、重要ではないことに時間を取られすぎています。
結果、どんなに実力があっても達成できないまま終わるのです。
一方、目標達成する人は、結果を出すための時間をしっかり取っています。
仮に実力がライバルより下回っていても目標をクリアします。
要するに〝時間の配分〟がキーポイントになるということです。

では、どうすれば重要なことにうまく時間を配分できるようになるのでしょうか。
その**解決策として、ノートに「重要度」が高いか低いか、そして「緊急度」が高いか低いかの４分割にして予定を書き入れる**といいのです。

ところであなたは、「**４つの領域**」という分類方法をご存じでしょうか？
知っている方も多いと思いますが、ここで簡単に説明いたします。

第１領域：緊急かつ重要
第２領域：緊急ではないが重要
第３領域：緊急だが重要ではない

第4領域：緊急でも重要でもない
というものです。

第1領域は、緊急かつ重要なので、絶対にやらなくてはならない、マストの仕事です。仕事で言えばお客様とのアポ、クレーム処理、上司からの呼び出しなどです。

第2領域は、緊急ではないが重要な仕事で、やらなくてはと思いつつ、なかなかできないことです。

将来のための勉強、お客様に手紙を書く、職場の人間関係づくりといったことになります。

第3領域は、緊急だが重要ではないことで、電話、メール、SNSなどの相手の都合でくる用事のことです。

第4領域は、緊急でも重要でもない、その他の時間になります。

この第4領域については、のちほど私がやっているモチベーションアップ方法をご紹介します。

楽しみにしていてください。

4分割ノート活用法の具体例（第1、第2領域）

ここからは第1領域と第2領域について説明します。

4つの領域の中でも、この2つが非常に重要になってきます。


さて、あなたは「一万時間理論」というものをご存じでしょうか？

スポーツやアスリートの本を読んでいると、「一流になった人は一万時間以上練習している」といった内容が出てきます。

詳しく知らない方も耳にしたことぐらいはあるでしょう。

1日3時間×365日×10年。

10年間1日も休まずやれば、どんなこともうまくなるそうです。

一万時間までいかないとしても、どんなことも〝つぎ込んだ時間に比例〟して上達するものです。

楽器の演奏が上手な人は、楽器の練習に時間をつぎ込んでいますし、ゴルフのうまい人はやはりゴルフに関することに時間をつぎ込んでいます。

誰もが平等に与えられている24時間を〝何に配分しているか〟ということは、非常に大切になってくるのです。

ではどんな仕事に時間を配分すればよいのでしょうか？

まずは第1領域です。

第1領域はマストの仕事ですから、絶対に忘れることはできません。

しっかりとやるべき仕事を記録しましょう。

そして次が重要になってくるのですが、私は時間管理の研修をする際、**「第2領域の時間を増やしてほしい」**と積極的に伝えています。

第2領域とは〝緊急ではないが重要〟という行為のこと、

- **将来のための勉強**
- **自分磨き**
- **人とのコミュニケーション**

4分割ノートでスケジュールを管理
（第1・2領域）

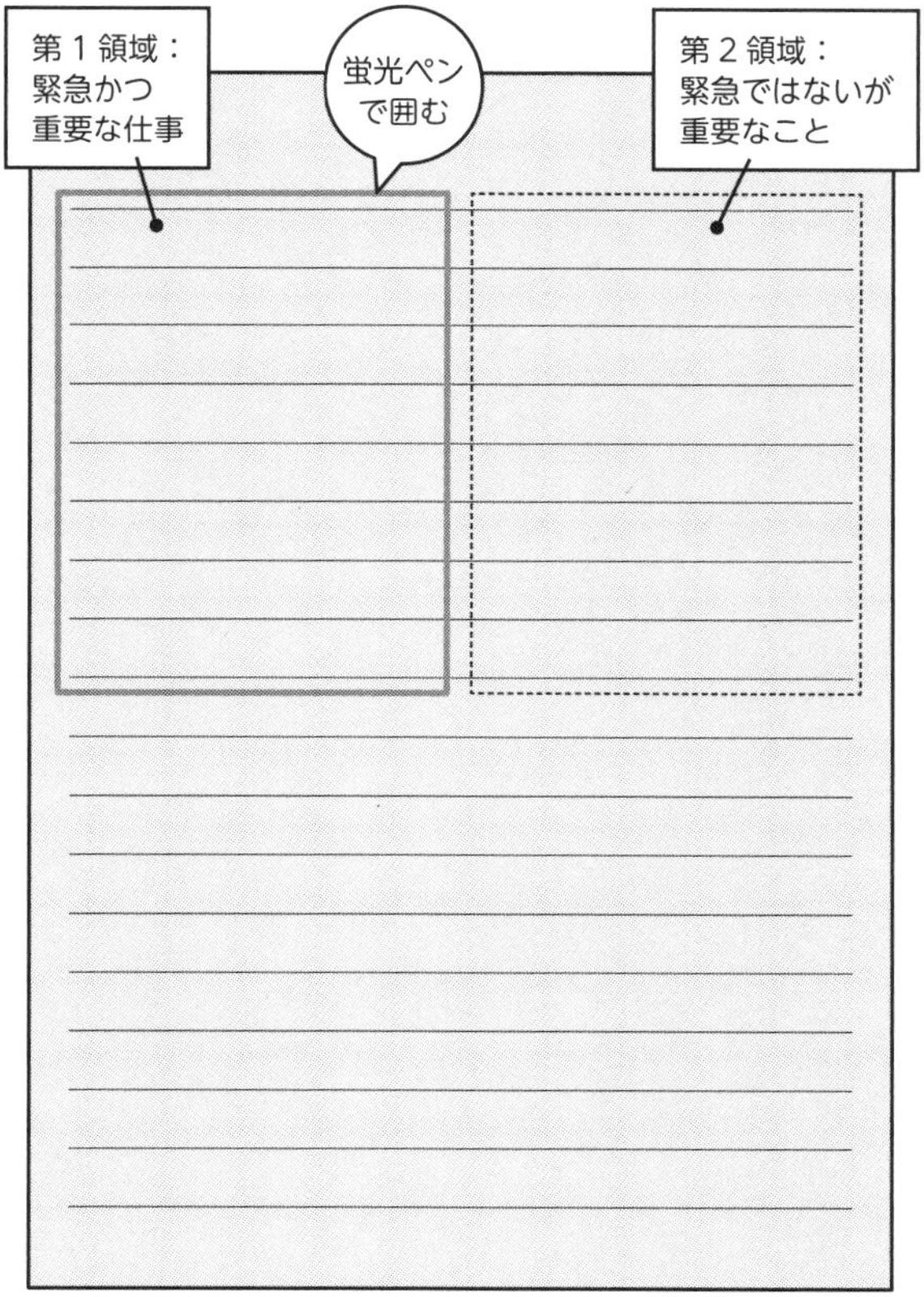

結果を出す人は、第2領域に50〜60%の
時間を取っている

などなど。
仕事が忙しい時は後回しにしがちになる行為です。

普通の人が第2領域の割合が10パーセント程度のところ、結果を出している人はこの時間を50~60パーセントも取っています。

いきなり5倍に増やすのは難しいと思いますが、意識して徐々に増やしていけばいいのです。

※B5サイズのノートを半分に折り、左上部分（第1領域）を蛍光ペンで囲みます。
これだけで準備はOKです。
用途にあわせて各エリアの大きさを変えてもかまいません。
自分の使いやすいようにアレンジしてください。

第1領域の仕事を短縮し、第2領域の仕事を増やす

先ほどの項目では「結果を出す人は第2領域の割合が多い」という話をしました。

このことは本で読んで知ったのですが、この事実を裏付ける経験をしたことがあります。

研修先の会社で営業マンの行動データを見せていただいた時のことです。

今はデータ管理社会です。

営業マンとしてこれが幸せかどうかは分かりませんが、「こんな細かいところまで管理できるのか！」と驚くばかりです。

トップ営業マンとダメ営業マンの行動の違いが一目瞭然になります。

データを見る前は「結果が出ていない営業マンはサボっている、もしくは休憩時間が長いのだろう」などと思っていました。

しかし、そんな単純な話ではありませんでした。

ひと昔前の「営業職は外に出れば自由」といった状況とはまったく違い、今の人はサボったりしません。

というか、GPSを活用しAIが管理しているので、サボりたくてもサボれないのです。

サボっているわけではないのに、結果に大きな差が出るというのはどういうことでしょうか？　その1つの要因は、苦戦している営業マンは〝事務処理の時間が長い〟という傾向があります。

これはやらなくてはならない仕事で第1領域にあたります。

活動報告や書類関係の仕事は会社員としてやるべき仕事ですが、直接結果につながらない時間です。

営業活動の時間ではありませんから、この時間が長くなればなるほど、成績は低下していくのです。

サボっていれば上司から怒られますが、事務処理をしていれば文句を言われることもありません。

ですから「定時までこの仕事で時間をつぶそう」と意識的にゆっくりやる人もいれば、営業活動をしたくないと無意識に遅くなる人もいます。

本人はサボっているという感覚はなくても、かなりの時間をロスしているのです。

結果を出している人は、そういった時間の使い方はしません。

とくにトップ営業マンはテンプレート化するなど、工夫を凝らし事務処理の時間を短縮しています。

そのかわりに、**実際の営業活動、もしくは第２領域の〝情報収集、勉強時間〟を長く取っています。**

だからこそ常にいい成績が残せるのです。

〝第１領域の時間〟を減らし、〝第２領域の時間〟を増やしていきましょう。

時間配分を変えていけば結果は必ず変わってきます。

「サボっているわけではないのに結果が出ない」という方は、ぜひ時間の配分を見直してみてください。

4分割ノート活用法の具体例（第3、第4領域）

これまで、第1領域と第2領域についてお話ししてきました。

ここからは、第3領域と第4領域について説明させていただきます。

第1、2領域が重要なのは事実ですが、かといって第3、4領域が必要ないわけではなく、重要な役割を果たします。

ノートの話をすると「第1、2だけでいいんじゃないか」と言う方もいます。

この後詳しく説明しますが、〝第1、2領域の内容〟と〝第3、4領域〟の内容を混同すると、どれを優先すべきか分かりにくくなります。

これを分けて書くだけでも十分価値があるのです。

まず、第3領域ですが、ここは〝緊急だが重要ではない〟仕事をメモしておくスペースになります。

たとえば、予定外の電話やSNS、メールなどの突発的な対応を書き入れます。

その場で対応できたことは書く必要はありません。

このスペースには、〝急ぎだが、手が離せずできなかった〟といった内容を書きとめておきます。

- Aさんに電話を折り返す
- B社に見積もりを送ったか確認する
- 会社に帰ったらCさんに返信メールを送る
- スタッフに変更依頼の電話をする

などとメモしておきます。

忙しい時は、ついつい折り返しの電話やメールの返信を忘れがちになります。

お客様やスタッフに催促されて、「あっ！　すみません。忘れていました」なんてことになるのです。

仲のいいスタッフや友達でしたら「次からは忘れないでくださいよ」で済みますが、これが大切なクライアントだとしたら致命的なダメージになることもあります。

問い合わせしたのに、いつまでたっても連絡をくれない人がいます。

単に忘れているだけかもしれませんが、待たされているほうはかなりのストレスになります。

気が長い人ならいいですが、気の短い人なら他社に声をかけてしまうでしょう。

こんな些細なミスで、**時間をかけて築いた信頼関係が一瞬で壊れてしまうこともありますし、何百万も純利益を失う大クレームにつながることだってある**のです。

紙切れに書いておくのでは、それを紛失することもあります。

それを言い訳にしても誰も許してはくれません。

営業ノートにしっかり書いておけば、こういったミスが激減します。

4分割ノートでスケジュールを管理
（第3領域）

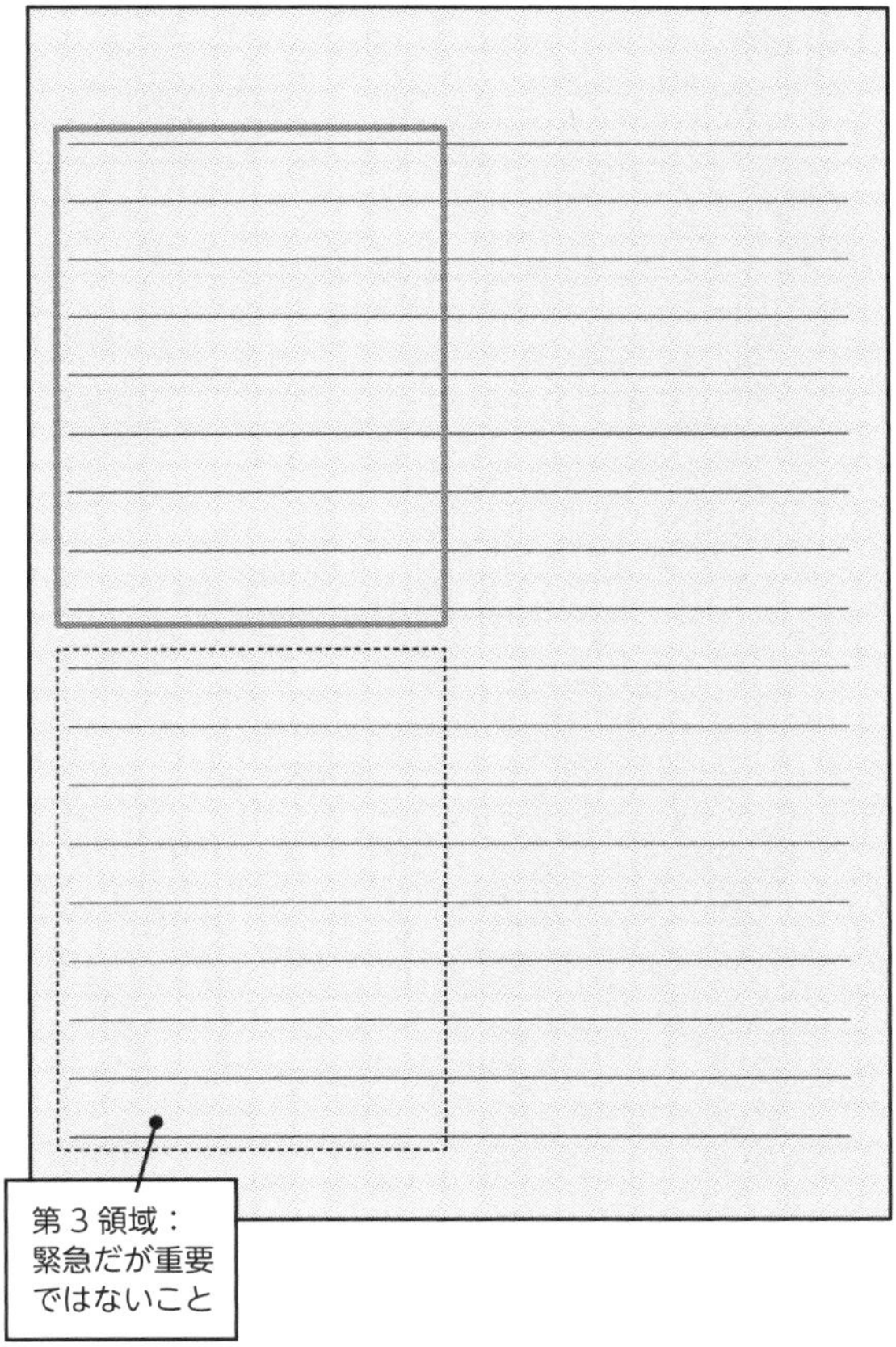

トラブルを防ぐためにも、急ぎだが手が
離せずできなかったことを書く

第4領域に、ご褒美やよかった出来事を書いておく

続いて第4領域です。

ここは緊急でもなく重要でもないことを書くスペースです。

こう聞くと「どうでもいい内容を書くのかな」と思うかもしれません。

第4領域は取るに足らないことを書くのではなく、**仕事のモチベーションを上げるためのスペースとして使ってほしい**のです。

広告の営業マンとお会いした時のことです。

この方はノートを活用しており、それを見せてもらったことがあります。

そこにはいろいろな仕事が書いてあったのですが、第4領域に〝娘とディズニーランドに行く〟と書いてあるのが目にとまりました。

この内容について質問したところ、「これはご褒美として書いているんですよ」と教えてくれたのです。

この営業マンの方は、分かりやすいニンジンをぶら下げることでモチベーションを上げています。

集中力が落ちた際、この第４領域のメモを見て瞬時に気持ちを盛り上げているのです。

手軽な方法ですが「これは効果がありそうだ」と感じました。

第４領域は、モチベーションを上げる材料を書くスペースとしても活用いただきたいのですが、そのほかに私が実践している効果的な方法があります。

それは〝**よかった出来事**〟**を書く**ということです。

仕事をしていれば悪いことばかりではなく、よいことも起こります。

これは記録しておかなければ、そのあとに起こった〝ちょっとしたイヤな出来事〟によってかき消されてしまいます。

それではせっかくのよい出来事が台無しです。

いい気分を持続させるためにも、しっかりと書きとめておきましょう。

4分割ノートでスケジュールを管理
（第4領域）

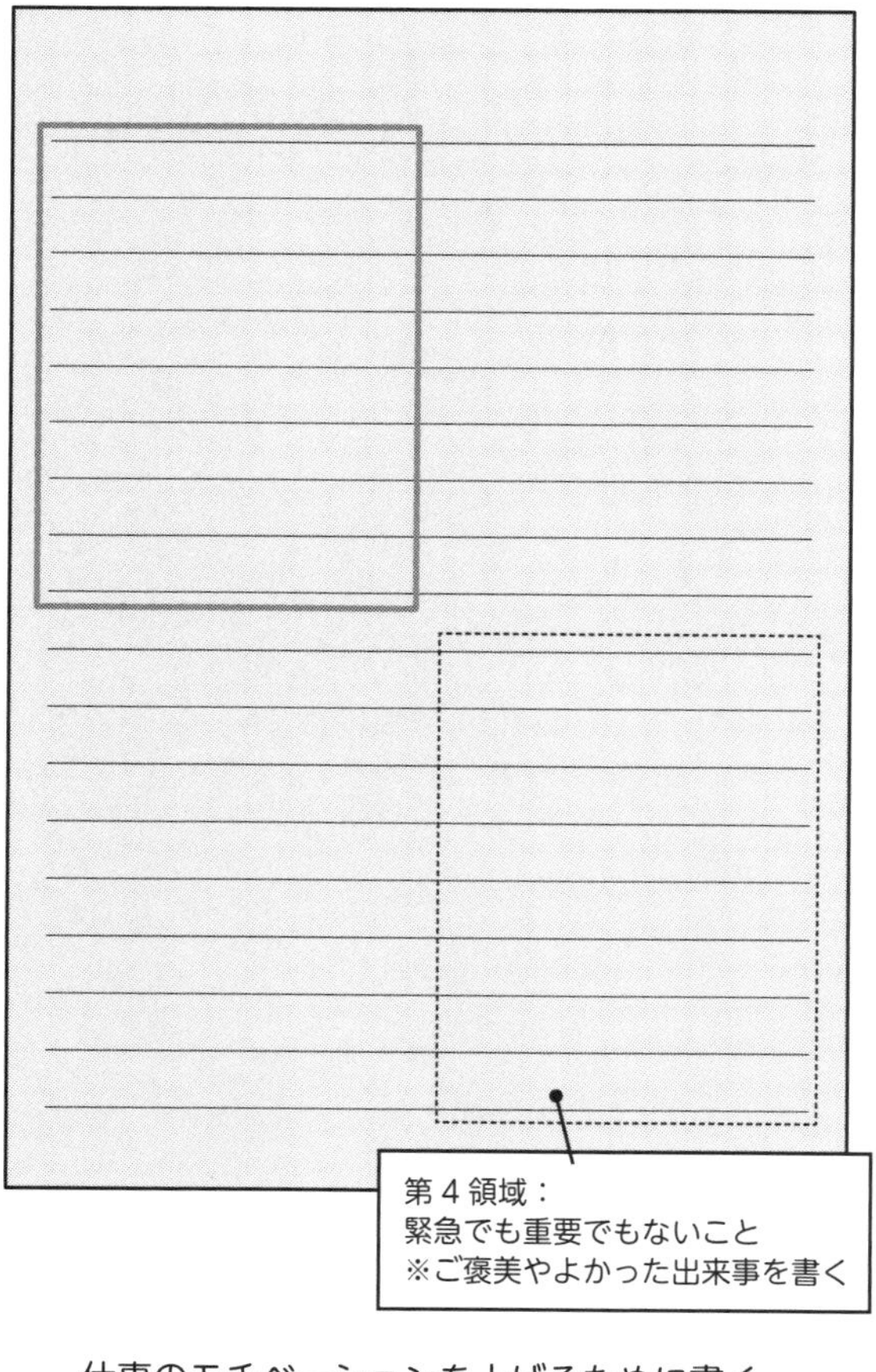

仕事のモチベーションを上げるために書く

たとえば、

- 新規の仕事の問い合わせが入った
- 部下が自主的に行動するようになった
- 上司の許可が下りて新規事業がスタートできる

などなど。

第４領域に書いて残すことで嬉しい気持ちが長続きします。
たった１行でも間違いなく気持ちは盛り上がるのです。

この方法は〝１日の最後に書く〟ということもおススメです。
最後にいいことを書けば、「なんだかんだあったけど、まあよかった」という印象を持つものです。
どんなダメな日だったとしても、何か探して「スタッフの人から優しい言葉をかけてもらった。今日はよかった」などと書くのです。

私はダメ営業マン時代、１日の儀式として毎日〝１日のいいこと〟を書いていました。

この方法でどれだけ救われたか分かりません。

気持ちが楽になり、ぐっすりと眠りにつけるようになりました。

結果を出している人は、自らモチベーションを上げる工夫をしています。

気持ちが下がった状態では、どんなに能力がある人も力を発揮できません。

第4領域を活用して気持ちを盛り上げましょう。

1分間で「何ができたか」を記録する

日々の活動においてモチベーションを高い状態に保ち、気持ちよく仕事をしているでしょうか?

結果を出している人は充実感を持って仕事をしています。

それは元々モチベーションが高いからではなく、〝充実感をしっかりと味わうための工夫〟をしているからなのです。

以前、脳科学に詳しい知人から、「潜在意識は在るものしか認識できない」ということを教えてもらったことがあります。

たとえば、

●今日はこれが**できなかった**

●目標達成**できなかった**

などなど。

こう考えると脳は認識せずに〝**なかったこと**〟として判断します。

このように考えると、せっかく1日活動したのにもかかわらず、「あぁ、なんか充実感がない」と感じてしまうようになります。

これではモチベーションも上がりません。

そうではなく、

●今日はこれができなかった↓今日はここまで**できた**

●目標達成できなかった↓70％達成**できた**

というように変換するのです。

同じことでも印象は180度違ってきます。

できたことは、潜在意識もきちんと認識できるようになります。

だからこそ、心の底から「しっかり活動できている」と思えるようになるのです。

私はこの脳の構造を教えてもらってから、〝ノートの第4領域〟に記入するようにしています。

この作業は1分間でできますし、本当に気持ちがいいのです。


私が住んでいる地域に、中学受験で圧倒的に結果を出している塾があります。

私の娘もお世話になりました。

その先生が「〝何ができなかったか〟ではなく、〝何ができたか〟を重視します」と言っていました。

これは生徒にとって非常に大きいことです。


なかには、間違えた部分を指摘されて伸びるといった子どももいるとは思いますが、〝できた部分を褒められて伸びる〟といった子どものほうが圧倒的に多いものです。

できたことを認め、やる気にさせます。

本人がやる気になれば成績は伸びるものです。

何ができなかったかではなく〝何ができたか〟と考えて、第4領域に記録するようにしましょう。

たった1分ですが、リターンは大きく、あなたのやる気の源になってくれるのです。

〝自分が1日にできる仕事量〟を把握しているか？

ファイナンシャルプランナーの知人にお会いした時のことです。

借金が増えてしまう人、破綻してしまう人の特徴として、「自分がどれだけお金を使っているかを把握していない」という話を聞きました。

だから使いすぎていることに気が付かず、借金が増えていくのです。

一昔前であれば、財布にお金を入れておいて、なくなったらおしまい、といった感じでした。

しかし今は違います。

現金を使う人が減り、そのかわりにカードや電子マネーで決済します。

お金を使っているといった実感が薄れます。

だからこそ、自分でしっかりと使える金額を把握しておく必要があるのです。

〝自分の能力を知る〟ということは、仕事においても重要な考え方になります。

自分が使える金額を正確に把握するように、**〝自分が1日にどれだけ仕事ができるか〟をしっかりと把握しておく**必要があります。

これを知っておけば、期限に遅れることがなくなるのです。

私の仲間には、〝いい人なのだが期限を守らない〟というタイプが結構います。

こういった人たちは悪気がありません。

なんとか期限に間に合わせようと思いながらも、「すみません。あと2日待っていただけますか」となってしまうのです。

この2日延長も怪しいのですが……。

こうして信頼を徐々に失っていくのです。

こういった人は、自分の１日の仕事量を把握していません。

仕事を請けた際、スケジュールを見て「まあ、このくらいでできるだろう」という希望的観測で約束します。

基本的にヨミが甘いのです。

ですから、高確率で期限をオーバーさせてしまうのです。

まずは自分ができる仕事量を書き出してください。

資料作成なら１日10ページまで作成できる、文章なら１日２０００字まで書けるといったようなことです。

まずは自分の１日の仕事量を知ることから始めましょう。

締め切りを守るための「予定分割法」

仕事先の人から「どうしても先送りにしてしまうんです」というお悩みを聞くことが少なくありません。

人は易《やす》きに流れるもので「まだ時間があるから」と言って先送りにし、ギリギリになってから重い腰を上げる、なんて方が多いのです。

時間的余裕がなくなれば焦ってしまい、思うように仕事が進まなくなります。

焦りは時短力の大敵なのです。

先送りにしてしまう原因は、**1日にできる仕事量を把握していないこと、そして予定が明確でない**からです。

たとえば「4日後までに企画書を作成する」といった仕事があったとします。

この仕事を細分化するのです。

【企画書作成】→①たたき台をつくる、②ラフプラン作成、③入力、印刷、準備
※①、②、③を各１時間とし計３時間と見積もる

といったように３分割にします。

締め切りが４日後ですから、不測の事態のために予備日をつくり、４日前から配置していくのです。

このように予定を立てれば、前の日に慌てて徹夜することもなくなります。


ちなみに私は、この方法で原稿を書いています。

一般的に〝著者は締め切りに追われている〟といったイメージを持つと思いますが、この方法を活用しているため、一度も締め切りに遅れたことはありません。

そもそも私は理系で文章を書くのが苦手でした。

気分がのった時に一気に書き上げる、といった書き方はできません。

ただ〝１日に決まった量の原稿を書く〟ということはできます。

本一冊となると７、８万字と多くなりますが、45日で割れば１５００字程度です。

そして、1日の量にすれば、40字×40行のワード1ページ程度になります。

本一冊の単位で考えれば難しくなりますが、小さい単位に分けることでハードルが低くなり実行できるようになります。

どんな大きな仕事も分割すれば、小さな集合体になります。

仕事量を日数で割り、毎日同じ量をすることで締め切りは楽々クリアできるのです。

このやり方は、企画書作成、提案プラン作成、見積書作成、などに効果的です。

ぜひお試しください。

暗号化やスマホアプリを活用して素早くメモする

お客様との打ち合わせはもちろん、会社のミーティングにおいても話の内容を記録しておくことが大切です。

ただ、記録することに夢中になって話が頭に入ってこないのでは、本末転倒になってしまいます。

そうならないためには**暗号化して、書く時間を短縮する**といいのです。

速記のようなイメージです。

これはお客様との商談時に役立ちます。

「まず10分間で説明して、その後20分間聞き取りをしよう」と思っていたとしても、順調にいくとは限りません。

こちらが説明している時に、お客様から「あれ、こちらについての保証はどうなっているのですか？」という質問1つで、一気にペースを乱されます。

脱線して元に戻れないことも多いのです。

営業マン自身が方向性を見失っていては、話がいい方向へ進みません。

やはり営業マンサイドが理想的な流れをつくり、お客様を上手に導いてあげる必要があるのです。

そこで端のほうに、**言わなければいけないこと、聞かなければならないことを忘れないように、小さく暗号化してメモしておく**といいのです。

たとえばこのような感じになります。

【暗号例】

年収を確認――ネ
他社の状況確認――タ
次回・次々回のアポの予定――ジ
契約意思の確認――ケ

このように書いておくだけで、脱線しても聞きたいことを忘れずに思い出せますし、元の話に戻れます。

またサッと書いて、お客様のほうを見られるので、「よく話を聞いている」といった印象を与えられます。

また普段の会議やミーティングでも暗号化をしておくといいでしょう。

ただし、その場の思いつきで使っていると、後で見返した際、何が何だか分からなくなってしまいます。

そこで自分で表をつくり、しっかり決めておきましょう。

漢字は画数が多く書くのに時間がかかるので、カタカナかアルファベットなどに決めて速く書けるようにしておきましょう。

次に、移動中のメモについてです。

電車の方はいいとして、車で移動している人は、暗号化のメモでもなかなか難しいものです。

そんな時は、**スマホの「音声入力」を活用**してください。

スマホは呼べば起動しますし、「メモして」と言えば、かなり正確に聞き取りメモしてくれます。（※ＯＳや機種によって違うので、ご注意ください）

いいアイデアは一瞬で生まれ、一瞬にして消えていきます。

逃した魚は大きいというように、逃してしまったアイデアはじつに残念に感じます。

ツールを活用してアイデアを逃さないようにしましょう。

第4章 『1分間記録力(メモ術)』があれば、無駄が激減し一気に時短できる」の

まとめ

➜ 1分間でメモすれば、ミスの8割は防げる。

➜ メモせずに自力で思い出す行為は、時間のロスになる。

➜ 目標を“達成する人”は、結果を出すための時間をしっかり取っている。

➜ 目標達成できない人は、重要ではないことに時間を取られ過ぎている。

➜ 4分割ノートを活用し、頭の中を整理すべし！

➜「目標達成できなかった」→「70%達成できた」に変換する。

➜“自分が1日にできる仕事量”を把握せよ！

➜ いいアイデアは一瞬で生まれ、一瞬にして消える。ツールを活用して素早くメモる。

第5章

「1分間時間管理力」があれば、仕事を追いかけることができる

目の前の1分に集中すれば、「過去の後悔」と「未来の不安」から解放される

仕事をしていて、「なぜか集中できない……」という時間帯がありませんか？

「あぁ、昨日の商談は失敗だった」とか、「あぁ、来週の会議での発表が心配だなぁ」などと余計なことをつい考えてしまう。

やることがあるのに仕事がはかどらない。

こういった時間帯が時間短縮の一番の大敵です。


とはいえ、人は無意識に関係ないことを考えてしまう生き物です。

ある説では「人は1日に6万回思考する」といいます。

6万回というのは大げさだとしても、寝ても覚めても脳がいろいろなことを考えているのは事実です。


朝起きてすぐに何かを考えながら行動しますし、朝食も何かを考えながら食べたりしま

す。

家族と話をしている時はもちろんのこと、仕事相手の目を見ながら打ち合わせをしている時ですら、会話の内容とは全く関係のない仕事のことを考えていたりするものです。

私はこのことを〝生きるうえでのＢＧＭ〟と呼んでいます。

ＢＧＭとは〝背景に流す音楽〟のことで、このリズムによって雰囲気が変わります。

たとえば、飲食店でリズムのいいＢＧＭを流せば活気のある雰囲気になりますし、リラックスしたＢＧＭを流せば落ち着いた雰囲気になるものです。

これは仕事を効率よくするうえで、とても重要な要素になります。

過去の私は、常に〝悪いＢＧＭ〟を流していました。

会社に行く前から「あぁ、営業したくない」とネガティブに考え、仕事中は「アイツのせいでうまくいかなかったんだ」などと逆恨みします。

やっとのことで仕事が終わり、ホッとするのかと思えば、「あれはもっとこうすればよかった」と後悔するのです。

常に〝未来への不安、愚痴、過去の後悔〟という悪いＢＧＭが流れていたのですから、いい仕事ができるわけがありません。

過去の私も含め、多くの人は1日の9割以上をネガティブな悪い妄想に費やしているといいます。

しかも、その内容は毎日ほぼ変わらないというのですから、自分がなかなか成長できないのもうなずけます。

ということは無意識に仕事をしていれば、ほぼ成長せず何年も何十年も過ぎ去ってしまうということです。

これは恐ろしいことです。

短縮力を高めたいのでしたら、このBGMを最適化する必要があります。

やり方はとてもシンプルです。

過去の後悔でもなく、未来の不安でもなく〝目の前の1分間〟に集中するように心がけるのです。

「悪いことを考えないようにしよう」と思えば思うほど、逆に考えてしまったりします。

そうではなく**「この1分間だけに集中しよう」と考える**のです。

これを繰り返していけば、よい精神状態の時間が少しずつ増えていきます。

心地いいＢＧＭが流れる時間帯が長くなった時、驚くほど仕事のスピードが上がっていることでしょう。

打ち合わせをしたら、1分以内に手を付ける

〝仕事を短時間で仕上げ、涼しい顔で帰っていく〟といった人になりたいと思いませんか？

時間的にはそれほど働いていないのにもかかわらず、圧倒的な結果をたたき出す。

こういったスマートな人にあこがれるものです。

その逆に、いつも仕事に追われている人もいます。

飲み会に誘っても「すみません、今日は締め切りが迫っていまして。次回はぜひ」と常に忙しそうです。

その割にはたいしたアウトプットはありません。


実際仕事すれば、必ず期限を破る人がいます。

期限をオーバーしても、ちゃんと提出してくれればまだマシです。

期限を守らなかったうえにメールを送っても返信がなく、音信不通になる方もいます。

これでどれだけ仕事を失っているか分かりません。

こうした人と仕事をしていると「本当にもったいないないなぁ」と思います。


期限を守れない人の多くは、能力が低いわけではありません。

こういった人たちのほとんどは、有名大学を卒業していますし、少し話をしただけでも「明らかにＩＱも高いなぁ」と地頭のよさも感じます。

もちろん人柄もよく誠実なのです。


能力が高く誠実な人が期限をオーバーさせてしまうのにはワケがあります。

それは〝やり始めが遅い〟ということです。

たとえば仕事の打ち合わせをしたとします。

能力の高い方に限ってすぐにはスタートしません。

打ち合わせからかなり時間が経ち、ギリギリになってからやっと手を付けるのです。

「この程度の仕事だったら本気を出せば２日でできる」と高をくくっているのかもしれません。

ＡＩと違い、人間の記憶は時間が経てば経つほど曖昧になります。

どんな頭のいい人も思い出すのに時間がかかりますし、自分が思ったような仕事ができなくなります。

こうして、ヨミが狂い、リミットをオーバーしてしまうのです。

私自身が心掛けていることは〝**依頼があったら1分以内に何か1つ手を付ける**〟ということです。

目の前にパソコンがあれば、ちょっとした外枠をつくります。

パソコンがなくても、ノートにアイデアや青写真を書くことはできます。

メモ帳がなかったら、カフェのペーパーナプキンでもいいのです。

その場で書き留めたことは、どんな些細な内容でも価値があります。

これがきっかけとなり、「そうだ、このポイントが大切だったんだ」と本格的に取り組む際、非常に役立つのです。

仕事の納期を守れるかどうかは、やり始めの時間で決まります。

打ち合わせ後1分以内に何かつくっておけば、期限をオーバーさせることなどまずなくなります。

午前中の2時間で、8割の仕事を終える

時間術の研修では、ワークで〝代表的な1日〟を書いてもらいます。

サボっていないのになぜか残業になってしまう、という人は、〝時間がどこに消えているのか〟ということを把握していません。

自分が何にどれだけの時間を費やしているかを理解していないのですから、なかなか時短できないのも当然です。

まずは、自分の行動を客観的に理解することが大切になってきます。

代表的なスケジュールを書いてもらったら、次は「最も重要と思われる仕事はどこに配置されていますか？」と質問します。

多くの人は〝１日の後半部分〟に配置しているのです。

その理由を聞くと、「夜のほうがまとまった時間が取れます」もしくは「集中力を必要とするのでエンジンがかかってから」と言います。

これが時短できない最大の理由です。


仕事が早い人は、午前中の2時間で8割の仕事をこなします。

この時間帯のほうが、短時間でいい仕事ができることを体感的に知っているからです。

私自身も朝の２時間で８割の仕事を終わらせます。

これこそが最強の時短術だと確信しているのです。

どんなに体力がある人でも時間が経てば疲れが出ますし、疲れれば集中力が落ちてきます。

それよりも問題なのは、時間を過ごしているうちに嫌でも膨大な情報が入ってきてしまうことです。

頭の中が混乱状態になるわけですから、仕事をあとにもっていけばもっていくほど効率は悪くなるのです。

同じ営業所で働いていた先輩のことです。

この先輩は真面目で仕事熱心でした。

完全なスロースターターで、午前中は半分寝ている感じで、夜になればなるほどさえてくるタイプだったのです。

しかし、毎日夜遅くまで頑張っているのにもかかわらず、ほとんど契約を取ってきません。

当時の私は、「こんなに頑張っても契約が取れないなんて、やっぱり営業の世界は厳しいんだな」と思っていたものです。

初めは仕事熱心に見えたものの、そのうちに〝とてつもなく効率が悪い〟ことに気がつきました。

１つの仕事を終えるのに人の倍以上もかかっていましたし、頻繁にミスをしてよくやり直していました。

この先輩は効率のいい時間帯は無駄に時間を潰し、疲れて効率の悪い夜にムチうって働いていただけだったのです。

短縮力がある人でスロースターターはいません。

スタートの２時間で８割の仕事をすることを目指しましょう。

行き過ぎた完璧主義はスピードを奪う

私は完璧主義者ではありません。

スピード重視で、ある程度できたところで「これで行こう」と決断するタイプです。

こう言うとカッコいいのですが、じつは多少見切り発車なところもあります。

ミスがあるまま、相手に資料や原稿を送ってしまうこともありました。

そういったマイナス部分を差し引いたとしても、スピード重視は十分なメリットがあるのです。

完璧さというのも重要ですが、それは2番目に重要なことであって、**ダントツの1番はスピード感を持って仕事をして期限を守る**ことです。

これは私がビジネスにおいて大切にしているポリシーです。

初めから、このように仕事ができたわけではありません。

もともとはスピードもありませんでしたし、どちらかというと優柔不断で、ランチのメニューを決めるのもいつまでも迷っているタイプでした。

そんな私がスピード感を身につけられたのは、ダメ営業マン時代の経験があったからです。

ダメ営業マン時代は常に苦しい立場でした。

お客様からしてみれば、たくさんある選択肢の1つであり、しかも扱いは下位のランクです。

お客様からの「この見積もりを明日までに持ってきて」という無理な注文に対して、

ノーと言えない立場でした。

もしできないなどと言おうものなら、その場で「だったらもう来なくていいよ」とたたき切られます。

ですから、言われた期限は何としても守るしかなかったのです。

ダメ営業マン時代はきつかったものの、今から考えると「いいトレーニングになった」とつくづく思います。

この経験により、リミットの意識を強く持てるようになり、スピード感が身についたのですから。

その習慣は今でも体にしみこんでおり、提出物の期限に遅れたことはありません。

また日々のルーティーンにおいても、

●ブログは30分以内

●メールは基本１分（内容によっては５分）

などと決めて、忠実に守っています。

知人のなかには、仕事に関してかなり完璧主義者の方もいます。

期限通り仕事が完了されない時に連絡すると、「できているのですが、送っていいか迷っていまして」という返信が返ってきます。

慎重でミスがなく素晴らしいのですが、スピード感がないのです。

待っているほうは、ストレスがたまります。

ある程度できているのであれば「80％の完成ですが」と言って、期限内に送ってもらったほうがいいのです。

完璧主義はスピード感を奪います。

相手との約束はもちろん、自分で決めたことに関しても1分でもオーバーしないように行動しましょう。

期限を守ることが、優先順位の1位であることを、くれぐれも忘れないでください。

キレがなくなったら翌朝にまわす

私は８年目で結果を出した遅咲きの営業マンということはすでに述べました。

営業レターというツールでお客様を育てていたため、見込み客のフォローの時間を大幅に短縮することができました。

ただ、契約数が一気に増えたため、仕事量は何倍にも増えてしまいます。

私の夢は〝トップ営業マンになって定時に帰る〟でしたから、ものすごくジレンマを抱えながら残業をしていたのです。


朝から目いっぱい働けば疲れが出て集中力も落ちます。

仕事の効率は悪くなるうえに、疲れからイライラするようになります。

気づけばまわりの人やスタッフの方に強い口調で指示したり、時には八つ当たりしたり、と嫌なヤツになっていたのです。

そうまでして頑張って仕上げた仕事もやり直しになったり、できたとしても普段の３倍の時間がかかったりすることもありました。

さすがに「このままのやり方で続けても絶対にいいことはない」と確信した私は、方針を変えることにしました。

大きく変えたのは考え方です。

それまでは「この仕事は絶対に今日中に仕上げる」と決め無理をしていたのですが、それを**「これ以上やってもいい結果につながらない」と判断した時点で、思い切って仕事を終了する**ことにしたのです。

疲れで思考能力が低下し、キレがなくなった時点で仕事を切り上げ、翌日にまわします。

これが明日への仕事のモチベーションアップにつながったのです。

初めのうちは仕事が中途半端な状態でやめることに抵抗がありましたが、慣れてくれば心地よくなってきます。

そして私にとって大きな決断の時機が訪れます。

ある日を境に定時ピッタリに帰るようにしたのです。

〝トップ営業マンになって定時に帰る〟という夢が叶った瞬間でもあります。

これで気持ちが切り替わります。

今までは終わる時間が決まっていなかったため、夜は無限に時間があるような感じがしていました。

頭のどこかで「多少仕事が遅れても帰る時間を遅くすればいい」と考えていたのですから、集中力は高まらないのです。

しかし、**〝18時には帰る〟と終わりが決まっていれば、それまでに終わらせようとスケジューリングします。**

ダラッと仕事をやることなく、集中してできるようになりました。

労働時間と反比例して仕事量は大幅に増えたのです。

ここまで話を聞いて、「翌日も仕事が山ほどあったらどうするの？」と疑問に思った方もいるでしょう。

確かに余分な仕事をまわしたことで、翌日のスケジュールが台無しになってしまう感じがします。

しかし、それは心配には及びません。

仕事を翌朝にまわすことで、朝から強制的にスタートできるようになります。

朝からいいスタートが切れると、どんどん仕事が片づいていきます。

ほどなく仕事に追いかけられる状態から〝仕事を追いかけている状態〟に変わっていくでしょう。

私もこれでロケットスタート型に進化し、どんどん仕事が片づくようになれたのです。

1分間で「無駄な時間」を見つけ出し削除する

時間術の研修では〝無駄にしている時間〟をリストアップしてもらいます。

「忙しくて時間がない」と言っている人ほど無駄な時間を過ごしているものです。

いわゆる〝死に時間〟がたくさん隠れていたります。

こういった時間はただ考えるだけでなく、しっかり時間を取って書き出さないと見つかりません。

まずはスケジュールを見て、1分間で無駄にしている時間を探してみましょう。

無駄にしている時間を見つけ、削除するだけで大幅に時間短縮できます。

このワークをして、見つかるロスタイムの１つが、**社内でのミスコミュニケーション**によるものです。

- **依頼した仕事と違う内容になった**
- **メールを送ったのに相手が見ていない**
- **本当は感謝しているのに伝わっていない**

などなど。

これはどの方の間でも起こることです。

たとえば〝依頼した仕事と違う内容になった〟という時間のロスはダメージが大きいものです。

依頼したほうも「こんなんじゃ、お客様に出せないよ」と腹立たしく思いますし、依頼されたほうも「なんだ、そういうことだったらちゃんと言ってくれよ」とむかつくものです。

しかも双方の貴重な時間が失われます。

こういったミスコミュニケーションが発生している限り、時短は成功しないのです。

社内でのミスコミュニケーションを極限まで減らすために、ツールやシートを作成し、再発を防ぐようにしましょう。

こういった〝ミスコミュニケーション〟を見つけて一つひとつ削除してください。

また、**無意識に過ごしている時間**を特定する必要もあります。

- **気づくと無駄に考え込んでいる**
- **同じミスを何度もしてしまう**
- **効率が悪く仕事の進みが悪い**

こういった〝長い間の習慣〟はリストアップしないと、なかなか気づきにくいものです。

私自身も「あぁ、あの件はどうしようかな……」などと、考えても仕方がないことで時間をロスすることもあります。

こんなことを考えても何も解決しませんし、そのうえ、モチベーションも下がります。

全くいいことがないのです。

こういった無駄な時間を見つけたら、すぐ削除しましょう。

まずは**1分間で、〝自分の時間がどこに消えているのか？〟をリストアップ**してください。

誰だって無駄な時間を減らしたほうがいいのは知っています。

しかし、実際に紙に書いてリストアップする人は多くありません。

ぜひ今日、時間をつくって実行してみてください。

「無駄な人脈」をアンインストールして身軽になる

以前、長年愛用しているノートパソコンの調子が悪くなったことがありました。

パソコン関係に詳しい人に見てもらうと、「このパソコンはいろいろなソフトをインストールしすぎです。だから動きが遅くなってしまうんです」と原因を教えてもらいました。

その後、10個以上の必要ないソフトをアンインストールした結果、以前よりずっと動きがよくなったのです。

このパソコンを操作している際に、フッと〝勉強しすぎたり、人脈を広げすぎたりして動きが悪くなっている人たち〟を思い出しました。

勉強することは大切ですし、ビジネスをするうえで良好な人脈は欠かすことができません。

しかし、抱え込みすぎて動きが遅くなっている人も少なくないのです。

独立した当初、人脈をつくろうと、さまざまなイベントや集まりに参加したことがありました。

そういった会に参加していると、「どの会にも顔を出している」という人に出会います。

聞けば月に10日以上も参加しているというではありませんか。

そういった人たちは、私の何十倍、何百倍と知り合いがいました。

しかし、話をしてみると、実際はどんなビジネスをやっているか分からず、なんの結果も出していないのです。

当時は「知識も人脈もあるのに、どうして成功しないのか？」と不思議に思っていたものです。

こういった人たちは**多くの情報を集めすぎたことで、〝自分にとってどの人が大切なのか〟ということが見えなくなっている**のです。

初めのうちは人脈を広げることも大切なことかもしれません。

しかし、ある程度のところでストップし、トップ20％に絞ったほうがいいのです。

時間管理において、無駄にしている時間を見つけて削除することは非常に大切です。

このノウハウに勝るとも劣らないほど重要なことがあります。

それは**〝無駄な知識や人脈をアンインストール〟する**ことです。

と言っても「学んだことを忘れろ」とか、「長い付き合いの人、旧友、腐れ縁などの付き合いをなくして、仕事に集中したほうがいい」などと言うつもりはありません。

そういうことではなく、頭の中をシンプルにすることで大切なものが見えてくる、と言いたいのです。

今まで学んだ知識、人脈、人間関係について今後どうするのか、考えてみてください。

本当に大切なものに絞り込み身軽になれば、あなたのスピードは確実にアップします。

約束の日が近づいたら"日程、時間、場所"を確認する

約束した相手にドタキャンされる、これは時間的に大幅なロスになります。

当日の時間もそうですし、数日前からの準備の時間を考えると精神的にもかなりのダメージを受けるものです。

後日、仕切り直しでお会いできればまだいいのですが、そのまま話が消えてしまう場合もあります。

嫌われてキャンセルされるならば仕方がないことです。

ただ、相手が単に約束を忘れていたという場合は本当にもったいないです。

こうならないために、**日程が近づいたら相手に確認することが大切**なのです。

私自身、仕事からプライベートまでいろいろな約束をします。

そのなかで「明日よろしくお願いします！」というリマインドメールを送ってくれる人は意外なほど少ないものです。

やったほうがいいと分かりながらも、つい面倒になりスキップしてしまいます。

私は群馬県に住んでいるということもあり、必ずリマインドメールを送ります。

その理由は過去に痛い目にあったからです。

以前、群馬県から新幹線で東京へ行った際、仕事相手が時間になっても現れなかったことがありました。

電話すると「あれ、今日でしたか？　今日は予定を入れちゃっていっぱいなんです」と言われ、そのまま帰るはめになったのです。

半日、時間を無駄にしましたし、なんともむなしい気持ちになりました。

また待ち合わせ場所が違った、なんてこともありました。

やはり時間になっても相手が現れないため電話をすると、「あれ、弊社に来ていただくのではなかったですか？」と言われます。

その後、予定が入っていたために日程を組み直すことに。

後日、群馬から東京へ伺うことになったのです。

これもかなりの時間のロスになりました。

その教訓から必ず実行しています。

人と会う際、時間を無駄にしないためにアポイントの確認をすることです。

メールでも電話でも構いません。

たった1分の時間を使うだけで、半日時間を無駄にするといったダメージを防げるのです。

まずは**前日にアポイントの確認**をしてください。

その場合、「11月30日の10時に○○にてよろしくお願いします」と時間と場所を伝えましょう。

時々このように確認してくれる方がいますが、会う前から「この人は信頼できそうだ」という印象を持つものです。

仕事でもプライベートでも〝**日程、時間、場所**〟を**確認**しましょう。

時間の大幅なロスが防げますし、しかもプラスの印象を持ってもらえるという一石二鳥の方法です。

クオリティーを持続させるために〝サボりタイム〟を入れておく

時間管理力と聞くと「1分も無駄にせずキッチリ働く」といったイメージを持つ方もいるでしょう。

それができるに越したことはありませんが、人の集中力はそう長く続くものではありません。

3時間も4時間もぶっ通しで仕事をすれば疲れますし、疲れて集中力が切れたままパソコンの前に座っていても仕事は進まないのです。

そんな時は思い切って休憩を入れたり、息抜きをしたほうがクオリティーの高い仕事ができます。

そのために、まずは**〝どのタイミングで集中力が切れるのか〟というパターンを知っておくことから**始めてください。

●ネガティブな話題を聞くと気持ちが下がる

oランチを食べると集中力が落ちる
o夕方は細かい仕事が進まない
などなど。

こういった時間を見つけ、最適化するのです。

私は毎日同じ時間に同じような仕事をしているため、集中力を保ちながら仕事ができるほうです。

しかし、飲み会が続いた日や睡眠のリズムが狂ってしまった翌日などは、仕事がはかどらない時があります。

そういった時のために対策を取っています。

通常は「ブログ更新」↓「原稿を書く」↓「メールの返信」と仕事を進めます。

コンディションが整わず、**集中力が続かない日は、準備しておいた別のパターンに変えます。**

「ブログ更新」↓【歯磨き】↓「原稿を書く」↓【ヒゲをそる】↓「メールの返信」

というように、仕事と仕事の合間に〝生活に必要な行動〟を挟んでいきます。

こうすることで、いい気分転換になり、集中力が戻ってくるのです。

また集中力を持続させるために工夫していることがもう1つあります。

それは計画的に**〝サボりタイムを予定に入れる〟**ということです。

たとえば、〝この仕事を45分で仕上げ、ユーチューブを見よう〟と計画し、それを目標に頑張るのです。

いわゆる〝ニンジンをぶら下げる〟ということなのですが、これが思いのほか効果的です。

私の知人はゲーム好きで、仕事をしている最中に「あぁ、ゲームをしたいなぁ」と考えてしまっていたそうです。

こういったことは、考えないようにしようと思えば思うほど考えてしまうものです。

そこで〝この仕事をやったらスマホゲームを5分やる〟とサボりタイムを設定したところ、仕事の処理スピードが大幅にアップしたと言います。

集中力を持続させるためにサボりタイムを入れておく。

ぜひお試しください。

「1分でも無駄にしたくない！」ストイックな方へ

先ほどの項目では「サボりタイムを入れる」といった話をしました。

「仕事以外のことを考えないようにしよう」と禁欲するのではなく、「この仕事が終わったらご褒美にこれをしよう」とエサを設定したほうが集中力は保てます。

また、仕事をしていて「ちょっと集中力が落ちてきたな」と思った時は、適度に休憩したほうが仕事ははかどるものです。

では質問ですが、会議などの休憩時間では、あなたは何をしていますか？

多くの方は「スマホをチェックします」と答えるのではないかと思います。

私は大学で学生に、営業やビジネスマナーを教えていますが、ほぼ１００％の学生が授業が終わった途端、スマホをいじり出します。

デジタルネイティブ世代は、「休憩＝スマホチェック」と認識しているのでしょう。

これは社会人でも同じで、研修の休憩時間は、みなさんいっせいにスマホをチェックします。

仕事関係の折り返しのメールなどもあるでしょうが、ほとんどは〝一種の癖〟のようにいじってしまうのです。

スマホは便利な反面、中毒性も高いので気を付ける必要があります。

長年付き合っているトップ営業マンのAさんは、まわりから「ミスターストイック」と呼ばれるほど時間の使い方にこだわっています。

Aさんは、コーヒーブレイクにはスマホを持っていきません。

休憩時間は〝これからの予定や戦略を練るための時間〟にあてているのです。

さらにAさんは、**スキマ時間用の仕事を用意**しています。

仕事をしていれば「次の仕事まで5分くらい間があるなぁ」という時間ができたりします。

5分ではたいした仕事はできないため、何気なくスマホを見たり、まわりの人たちと雑談したりするものです。

しかし、Aさんは「スキマ時間は一番仕事がはかどる」と主張します。

スキマ時間を無駄にせず、〝やるべき仕事〟に少しだけ手を付けているのです。
もちろん5分では完成しませんが、これが大きな差になります。

私自身も、5分程度の待ち時間に仕事に手を付けた際、「たった5分でこんなにできちゃった」と驚くほど仕事が進むことがあります。

このスキマ時間はリミットがあるため、集中力が極めて高い状態でできるのです。

「1分でも無駄にしたくない！」という方は、スキマ時間をネットニュースやSNSチェックから、やるべき仕事に変えてみてはいかがでしょうか。

すぐやる人のデスクまわり整理整頓術

整理整頓が上手な人と話をした時のことです。
整理整頓ができる人は整理が上手ということもありますが、それ以前に基本的にミニマリストであって、持ち物が少ないのです。

逆に部屋が散らかってしまう人は物が多く、余分なものを持ちすぎています。

そういった人は「分かっていても捨てられないんです」と言うケースが多いのです。


仕事の効率を上げるためには、仕事環境を整備しておく必要があります。

整理整頓が得意な方に、仕事環境の整え方について２つほど教えていただきました。

まずは**「大きい袋を持って、机まわりのいらない物を処分する」**ということです。


さっそくやってみました。

大きい袋を持つと「なんかスカスカなままゴミ袋を縛るのはもったいない」と思うようになります。

自然と捨てるものを探すようになるのです。

結果的に机まわりがすっきりしたのです。


またもう１つは、**「仕事に行き詰まったら机まわりを片づける」**ということです。

私自身、仕事をしていて「ぜんぜんアイデアが出てこない」という時間帯に入ることがあります。

こういった時はストレスがたまるものです。

そこで教えていただいた、デスクまわりの整理整頓をするようにしました。

これが不思議なもので、書類の整理などをしていると、「そうだ！　○○を書けばいいんだ」とひらめいたりします。

これはリアルの机まわりだけでなくて構いません。

パソコン上のデスクトップに、不必要なフォルダが散らばっていませんか？

これを一つひとつ削除していくのでもいいのです。

仕事に行き詰まったらデスクまわり、もしくはパソコンのデスクトップの片づけをしてみましょう。

仮になにも思いつかなかったとしても、デスクまわりはきれいになります。

絶対に損はないのです。

集中力が切れた時、仕事に行き詰まった時、アイデアが出ない時など、ぜひやってみてください。

第5章

「『1分間時間管理力』があれば、仕事を追いかけることができる」の

まとめ

➜ 目の前の1分に集中すれば、「過去の後悔」と「未来の不安」から解放される。

➜ 依頼があったら1分以内に何か1つ手を付ける。

➜ 仕事が早い人は、午前中の2時間で8割の仕事をこなす。

➜ 行き過ぎた完璧主義はスピードを奪う。

➜ 完璧さは2番目に重要なこと、1番大事なのはスピード感。

➜ 思考のキレがなくなった時点で仕事を切り上げる。

➜ トップ20%以外の人脈を、頭の中からアンインストールする。

➜ 約束の日が近づいたら“日程、時間、場所”のリマインドメールを！

➜ 集中力持続のため、“サボりタイム”を予定に入れる。

➜ 仕事に行き詰まったら、机まわりを片づける。

あとがき――「1分間仕事力」で、激動の荒波を乗り越えよう

ほんの少し前まで、〝毎朝会社に出社して働く〟といったことが当たり前でした。

そんな日常が一夜にしてガラッと変わったりするのです。

まずは、2019年に働き方改革関連法が施行されたことです。

〝残業するのが当たり前〟→〝残業してはならない〟となり、仕事が残っていても自由に残業できなくなりました。

これは大きな変化でした。

さらに、2020年に新型コロナウイルスの影響で、働き方がさらに変わります。

自由に残業できなくなったどころか、自由に会社に行けなくなったのです。

この急激な変化についていけず、戸惑っている人が少なくありません。

今まで会社でやっていた仕事を自宅でしたり、テレワークをしたりする人も増えています。

会社にもお客様のところにも行かず、結果を出さなければならない状況になったのです。

この状況は〝やりたい、やりたくない〟の問題ではなく、そうなっていくものと考えたほうがいいでしょう。

変化の流れに逆らっても苦労しかありません。


ＩＴのような進んだ業界は一気に変わり、営業職のような古い体質の業界でも緩やかに変わってきます。

そして、ひとたび進化した環境が常識になれば、元の世界に戻ることはないのです。

この変化はますます進んでいきます。

その理由は、会社側と社員側の双方に大きなメリットがあるからです。

社員からすれば、出社せず自宅で仕事をすれば通勤時間がゼロになりますし、着替えたりメイクしたりする時間も短縮できます。

会社としてもさまざまな経費が削減できますから、いい点がたくさんあります。

ただし、問題点もあります。

自宅には社長や上司の監視の目はありませんから、サボろうと思えばいくらでもサボれるということです。

極端な話、「今日はたいした仕事もないから昼に起きて、ユーチューブでも見て過ごそう」といったことが可能になります。


人は易きに流れます。

あっという間に、だらけた習慣が身についてしまうのです。

これが自宅で働く一番の問題点です。

そんななか、「1分間仕事力」を身につけ、やることをさっさとやってしまえたらどうでしょうか？

無駄な会議も上司からの横やりも減るわけですから、仕事に集中できます。

短時間で圧倒的な結果を出せるようになるのです。

自宅ワークになれば、〝仕事をしているふりをしてサボる人〟と〝すぐ行動して短時間で結果を出す人〟に分かれます。

そしてこの差はどんどん広がり、はっきりと二極化するのです。

仕事をしているふりをしてサボる人は、どうなるでしょうか？

それは私の口から言わなくても分かると思います。

反対に、すぐ行動して短時間で結果を出す人はどうなるでしょうか？

本書で紹介した「1分間仕事力」を身につければ、仕事は今までの半分、いや三分の一の時間で終わります。

午前中で仕事をサッと片づけ、あとは好きな時間にあてる、といった生活ができるのです。

もちろん会社からも必要とされ、これまで以上の報酬が手に入るようになります。

「1分間仕事力」を身につけたあなたは、どんな時代も楽々と渡っていけます。

明るい未来が待っているのです。

あなたの成功を心より願っております。

最後にプロデューサーの遠藤励起さんと、さくら舎の社長古屋信吾さん、編集部副部長戸塚健二さんにお礼を言わせてください。

この本は遠藤さんと考えた企画です。

この企画に興味を持っていただいた古屋さんのアイデアで、「1分間仕事力」というコンセプトをいただきました。

このアイデアによって筋が一本バシッと通った内容になりました。

また戸塚さんには丁寧に原稿をチェックしていただきました。

古屋さん、戸塚さん、遠藤さんに心より感謝いたします。


また、いつも本を買ってくださったり、ブログを読んでいただいている読者の方へ。

いつも本当にありがとうございます。


最後の最後に、家族へ感謝の言葉で締めさせていただきます。

いつも本当にありがとう。

菊原智明

著者プロフィール

群馬県生まれ。営業サポート・コンサルティング㈱代表取締役。営業コンサルタント。関東学園大学経済学部講師。社団法人営業人材教育協会理事。

大学卒業後トヨタホームに入社し、営業の世界へ。「口ベタ」「あがり症」に悩み、7年もの間クビ寸前の苦しいダメ営業マン時代を過ごす。「対人恐怖症」にまで陥るも、“訪問しない”“お客様に望まれる”営業スタイルを確立。突如、顧客の90％以上から契約を得て、4年連続トップのスーパー営業マンに。約600名の営業マンの中においてMVPを獲得。2006年に独立。営業サポート・コンサルティング株式会社を設立。現在、経営者や営業マン向けのセミナー、研修、コンサルティング業務を行っている。【営業力検定】が取得できる営業通信講座のクライアントの数は卒業生も含め既に1000名を超えている。2010年より関東学園大学にて学生に向け全国でも珍しい【営業の授業】を行い、社会に出てからすぐに活躍できるための知識を伝えている。

主な著書に『訪問しなくても売れる！「営業レター」の教科書』（日本経済新聞出版）、『売れる営業に変わる100の言葉』（ダイヤモンド社）、『〈完全版〉トップ営業マンが使っている 買わせる営業心理術』（明日香出版社）、『営業1年目の教科書』（大和書房）などがある。ベストセラー、海外での翻訳多数。

■営業サポート・コンサルティングHP （メルマガや無料レポートもあります）
http://www.tuki1.net

■著者ブログ「住宅営業マン日記」
http://plaza.rakuten.co.jp/tuki1

1分間仕事力《いっぷんかんしごとりょく》

二〇二〇年 六 月 一 日 第一刷発行

著者 菊原智明《きくはらともあき》
発行者 古屋信吾
発行所 株式会社さくら舎 http://www.sakurasha.com
東京都千代田区富士見一-二-一一 〒一〇二-〇〇七一
電話 営業 〇三-五二一一-六五三三 FAX 〇三-五二一一-六四八一
編集 〇三-五二一一-六四八〇 振替 〇〇一九〇-八-四〇二〇六〇

企画・編集協力 遠藤励起
装丁 長久雅行
本文DTP 有限会社マーリンクレイン
印刷・製本 中央精版印刷株式会社

ISBN978-4-86581-250-3